KARL-DIETMAR PLENTZ
ANDREA SPECHT

Der BROT MACHER

BÄCKER. BETER. UNTERNEHMER.

BRUNNEN
Verlag GmbH · Giessen

Ebenfalls von Karl-Dietmar Plentz / Andrea Specht im Brunnen Verlag erschienen:

Mit Laib und Seele

Ein Bäcker, der Hoffnung schenkt

224 Seiten, Taschenbuch

ISBN Buch 978-3-7655-4266-4

ISBN Ebook 978-3-7655-7628-7

MIX
Papier | Fördert gute Waldnutzung
FSC® C083411

6. Auflage 2024
1. Taschenbuchausgabe

Lektorat: Konstanze von der Pahlen
Umschlagfoto: Darius Ramazani
Innenfotos: Fotostudio Vonderlind S. 73, Darius Ramazani S. 107, Christian Gregor S. 108 oben, alle sonstigen: Karl-Dietmar Plentz privat
Umschlaggestaltung: Daniela Sprenger
Druck: CPI GmbH, Leck
ISBN Buch 978-3-7655-4265-7
ISBN Ebook 978-3-7655-7855-7
www.brunnen-verlag.de

INHALT

Muttersöhnchen zum Kennenlernen 5

1 **Der Duft von Heimat**
Großwerden in der DDR 9

2 **Versöhnung in 1000 Teilchen**
Ehe und Familie 33

3 **Mehr als eine Investition**
Unternehmer mit Herz 73

4 **Frisch gebackene Ideen**
Cross-Marketing 107

5 **Adlerschwingen**
Irrtümer und Neuanfänge 139

6 **Auf Touren**
Tatkräftiges Engagement 171

MUTTERSÖHNCHEN ZUM KENNENLERNEN

Ich bin ein ausgeprägtes Muttersöhnchen – bis heute bin ich nicht bei meiner Mutter ausgezogen! Tatsächlich wohne ich noch immer unter demselben Dach, unter dem auch meine Eltern bis zu ihrem Tod gelebt haben. Hier, in diesem Haus in Schwante, in dem sich unten die Bäckerei befindet, die Backstube, das Café und die Büros – hier bin ich groß geworden, hier bin ich nie weggegangen. Das bedeutet für mich Heimat: Man kennt sich, greift sich gegenseitig unter die Arme, ist regional verwurzelt und eingebettet.

Bäcker bin ich nicht ganz aus Berufung geworden. Gerne hätte ich Mathematik studiert, um tiefer in dieses faszinierende Universum einzutauchen. Doch in der DDR hätte ich als Christ dafür Kompromisse eingehen müssen. Entweder studierte man direkt bei der NVA, der Nationalen Volksarmee, oder man musste in einem Studium einen dreijährigen Wehrdienst ableisten. Doch ich beschloss, dass ich mich nicht einer atheistischen Organisation hingeben wollte und auch nicht bereit war, den Fahneneid zu schwören, mich nicht mit all meiner Kraft und all meinem Leben der DDR zu unterstellen. Eine linientreue Biografie als Pionier, mit Jugendweihe und als braver Wähler, hatte ich ohnehin nicht vorzuweisen. So tat ich, was nahelag, wurde Handwerker und stieg in den elterlichen Bäckereibetrieb ein – ein Traditionsunternehmen, das bereits mein Urgroßvater 1877 gegründet hatte. Es sollte sich zeigen, dass das eine gute Wahl war!

Glücklicherweise hatte ich meine Frau Agnes schon an der Seite, baute die Firma aus und eröffnete neue Filialen in der Region – inzwischen sind es sechs an der Zahl! Wir freuen uns darüber, das Bäckerhandwerk durch leckeres Brot, gut sichtbare

Cross-Marketing-Aktionen, reizvolle Azubiprogramme und immer frisch gebackene Ideen zu pflegen und in seinem Image zu fördern.

Mit Agnes zusammen habe ich fünf tolle, erwachsene Kinder, von denen einige – zu unserer großen Freude – ebenfalls das Bäckerhandwerk erlernen. Und wir sind inzwischen stolze Großeltern ganz fabelhafter Enkelkinder.

Vater, Großvater und Inhaber einer Bäckerei zu sein, ist aber nur ein Teil meines bewegten Lebens. Natürlich hängen viele andere Aktivitäten und Engagements damit zusammen – Events, bei denen ich als Bäcker Sponsor bin oder durch ausgefallene Backaktionen in Kontakt mit jungen Leuten oder Politikern komme. Doch auch mein Einsatz für die örtliche Kirchengemeinde, die jahrelange Mitarbeit im Leitungsteam von Jugendcamps und lokalpolitische Arbeit prägen meine Tage.

Zum Aufblühen bringen mich launige Mottopartys, da komme ich so richtig in Fahrt. Die Geburtstage meiner Kinder waren jeweils ein wunderbarer Anlass dafür: Zu Emelies 15. Geburtstag veranstaltete ich mal eine Barbie-Abschiedsparty in Berlin, zu der alle Freundinnen besonders gestylt kamen: eine als Reiterbarbie, eine andere als indische Barbie … Ich gab mein Bestes, als Ken kein allzu schlechtes Bild abzugeben (was ehrlich gesagt nicht so gut klappte; aber im Vergleich zur Puppe blieb bei mir wenigstens der Arm dran …), während wir bei einer interaktiven Erlebnisausstellung in Barbies XXL-Traumhaus viel Spaß hatten. Hinterher gab's bei Douglas für alle Barbiefreundinnen noch einen bunten Nagellack!

Eine etwas bessere Figur machte ich bei unseren Motto-Sommerlagern, wo ich schon in die Kostüme von Seeräubern, Pharaonen, Gefängnisdirektoren, Chinesen, Admiralen oder Indianern geschlüpft bin. Und auch als Bäcker habe ich mir ein historisches Outfit anfertigen lassen, mit dem ich mit großem Vergnügen zu Presse- und Fototerminen erscheine.

Ansonsten liebe ich es, mit einem gewissen Jagdfieber auf Flohmärkten zu stöbern und antiquarische Schätze zu heben – eigentlich fast immer Dekoratives, was an das alte Bäckerhandwerk erinnert und womit wir unsere Wohnung und die Läden schmücken können: eine urige Backform, eine alte Kaffeemühle, historische Schilder mit Dienstanweisungen wie: „Nicht auf den Boden spucken" oder „Keine Blumen pflücken".

Herrlich finde ich es auch, mit dem Cabrio durchs malerische Brandenburg zu brausen, richtig gut zu essen oder Verrücktes mit meinen Kindern zu machen. Einmal rutschte ich mit ihnen in Garmisch-Partenkirchen auf dem Hosenboden die Skischanze hinunter, während meine Frau das Weite suchte und so tat, als kenne sie uns nicht. Zugegeben: Ganz ungefährlich war die Aktion nicht: Mein Sohn Max schrie unten an der Schanze laut auf – sein Pullover hatte sich durch die extreme Reibung an der Sommermatte stark erhitzt und angefangen zu rauchen. Er blieb Gott sei Dank unversehrt, aber so gab es wenigstens etwas zu erzählen!

Nun gibt es also ein Buch von mir. Ein bisschen musste ich zu meinem Glück getragen werden, gehöre ich doch selbst nicht wirklich zu den Viellesern. Offen gestanden habe ich – abgesehen von der Bibel und Pflichtlektüre in der Schule – nie ein Buch ganz gelesen. Jetzt ist also mein eigenes Buch Realität geworden und ich freue mich unglaublich. Es ist mein Herzenswunsch, dass die ehrlichen Geschichten aus meinem Leben, meine „Überlebensrezepte", den Lesern Mut machen.

Karl-Dietmar Plentz

1

Der Duft von Heimat

GROẞWERDEN IN DER DDR

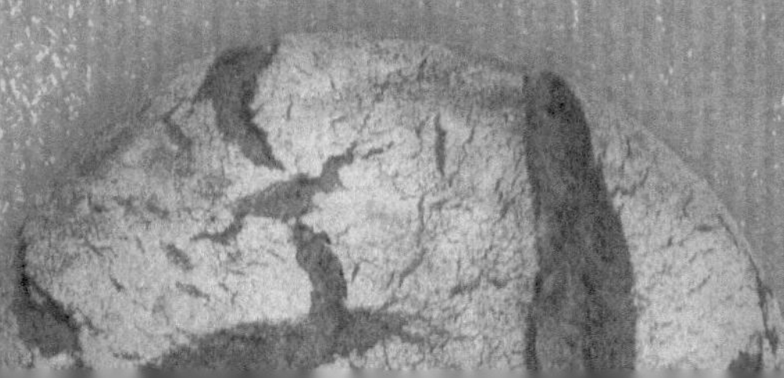

BOMBENSICHER

In meinem Dorf Schwante groß zu werden, einem Ortsteil der Gemeinde Oberkrämer nördlich von Berlin, war für mich wunderschön. Ich hatte das Vorrecht, eine behütete Kindheit in einer heilen Familie zu verbringen und noch dazu in einem immer nach frischen Backwaren duftenden Haus zu leben – das war mein Duft von Heimat. Besonders schätzte ich es, in diesem kleinen brandenburgischen Örtchen immer einfach rausgehen und in Feld und Wiesen spielen zu können. Der schlechteste Indianer war ich bestimmt nicht!

Und ich liebte das Feuer. Mit Begeisterung feuerte ich etwas an, zündelte, kochte Tee oder briet etwas über ein paar brennenden Holzscheiten. Meine Leidenschaft für die Natur und offenes Feuer sollte später dazu führen, dass ich eine ganze Lebensepoche lang Outdoorcamps für Kinder durchführte, in denen wir abenteuerliche Tage in der Natur verbrachten.

In meiner Kindheit und Jugend wurde diese Faszination für Feuer allerdings mit zunehmendem Alter gefährlicher. Bald ging es nicht mehr nur darum, ein schnödes Lagerfeuer zu entzünden, sondern nun standen die Effekte, die mit Feuer erzielt werden konnten, im Mittelpunkt des Interesses.

Einmal hatten zwei Freunde und ich uns eine Bude am Feldrand gebaut, uns ein paar Würstchen gebraten, um dann, als richtige Indianer, auszuprobieren, wie man mit Pfeil und Bogen Brandpfeile schießen kann. Als ein Pfeil auf das von der Sommerhitze ausgetrocknete Feld fiel, fingen die Stoppeln des abgeernteten Getreides schnell Feuer. Mit großem Entsetzen begriffen wir, dass hier, wenn wir nicht sofort handelten, ein großer Flächenbrand ausbrechen würde. Panisch schnappten wir drei unsere Schaufeln und kippten Schippe um Schippe Erde auf die züngelnden Flammen, um den Brand einzudämmen. Wir waren am Rand der Erschöpfung, als es uns endlich gelungen war, die letzte Glut zu löschen.

Dennoch sollte uns dieses einschneidende Erlebnis nicht daran hindern, unsere gefährliche Leidenschaft weiter zu pflegen. Einer meiner Freunde hatte eine geniale Entdeckung gemacht: Wenn man Unkraut-Ex mit Zucker mischt und diese Mixtur mit Feuer in Berührung bringt, gibt es eine gewaltige Explosion. So bauten wir entsprechend gefüllte Sprengkörper, warfen sie in die Glut unserer heruntergebrannten Lagerfeuer, suchten das Weite und beobachteten mit einer Mischung aus Faszination und Angst, was passierte.

Bald schon kultivierten wir solche Experimente und es wurde regelrecht zum „Sport“: Wem es gelang, eine besonders große oder ungewöhnliche Bombe zu bauen, dem wurde die Ehre zuteil, mit „Meister“ angesprochen zu werden.

Ein paar meiner Freunde kamen im Winter auf die glorreiche Idee, ein Loch in den zugefrorenen Mühlensee zu schlagen und darin eine Propangasflasche zu fixieren. Sie sorgten dafür, dass der Behälter über Nacht fest mit der Eisschicht zusammenfror. Am Tag darauf entzündeten sie ein Lagerfeuer über der Flasche und hauten ans Ufer ab, sobald das Feuer brannte. Aus sicherer Entfernung beobachteten sie mit Genugtuung, wie der See mit einer ohrenbetäubenden Explosion einkrachte. Natürlich war diese Aktion sehr gefährlich – aber sie waren von nun an stolze „Meister“.

Auch wir waren jetzt fixiert auf die Idee, Meister zu werden. Dazu musste eine intelligente Sprengung her. So funktionierten wir die Küche eines Schulfreundes zum Labor um, während seine Eltern bei der Arbeit waren. Es galt herauszufinden, wie man außer durch das schwer kontrollierbare Feuer einen Sprengstoff zum Explodieren bringen konnte. Nach vielen Mühen war klar: Der entscheidende Faktor für einen Zünder ist die Entzündungstemperatur – diese muss höher sein als die Temperatur einer Feuerflamme. Das Phänomen, dass der Schwefelkopf eines Streichholzes beim Entflammen viel heißer ist als das anschließende Feuer, musste irgendwie für unsere Zwecke umgesetzt werden. Immerhin hatte ich ja eine Eins in Physik und ein paar handwerklich begabte Freunde.

So kamen wir schließlich auf die vortreffliche Idee, Taschenlampenbatterien in Serie zu schalten, sie mit Drähten zu verbinden, um einen Glühdraht zu erwärmen, der wiederum Streichholzköpfe entzündet und dieser Effekt schließlich die Zündung auslöst und den Sprengstoff zum Explodieren bringt. Nun musste ein Glühdraht her. Den konnte man allerdings nicht einfach so im Konsum kriegen. Da bezirzte ich eine meiner erwachsenen Schwestern, ob ich nicht ihr altes Zweitbügeleisen bekommen könnte. Schon allein die Art, wie ich fragte, ließ sie skeptisch werden. Noch dazu, warum ausgerechnet ihr Bruder ein Bügeleisen will! Natürlich konnte ich ihr das nicht verraten. Am Ende habe ich es ihr dann aber doch irgendwie abluchsen können.

Jetzt legten wir also mit den Versuchen los und experimentierten mit den Batterien und Bügeleisenglühdrähten und schufen damit tatsächlich einen Zünder. Zusätzlich wollten wir die Zeit der Entzündung elektrisch steuern. Also schalteten wir einen alten analogen Wecker dazwischen, bei dem die Zeiger isoliert waren, sodass man die Zeit einstellen konnte. Wenn nun der Minutenzeiger vorantickte, kam er früher oder später an einer durch den Wecker gebohrten Schraube vorbei und löste dabei einen elektrischen Kontakt aus, der kurz darauf die Bombe hochgehen ließ. Wir waren so stolz.

Nun haben Mütter dieses bestimmte Gen, dass sie mitkriegen, wenn etwas nicht stimmt. Die Heimlichtuerei war ihr aufgefallen und meine Mutter redete mir ins Gewissen: „Was macht ihr da immer? Macht ihr dumme oder gefährliche Sachen?" „Mach dir keine Sorgen, wir erschrecken kleine Kinder", beschwichtigte ich sie und lag damit der Wahrheit gar nicht so fern.

Wir ließen uns nicht beirren und verfolgten unsere intelligente Explosion weiter. Auf dem Schrottplatz fanden wir den Behälter der Druckluftbremse eines Traktorhängers. In der Werkstatt eines Freundes befestigen wir Griffe daran, damit wir das Ding – das wie eine Fliegerbombe aussah – tragen konnten. Schließlich füllten wir den Behälter mit der bewährten Mischung aus Unkraut-Ex und von einer beliebten Bäckerei unfreiwillig gesponsertem Zucker ...

Aufgeregt machten wir uns zu einer einsamen Wiese in der Einöde auf. Hier, dachten wir, sind wir allein. Wir entdeckten einen verlassenen Fuchsbau, in dem wir die mit viel Schweiß hertransportierte Bombe platzierten. Dann legten wir den Zündmechanismus an, stellten den Minutenzeiger des Weckers auf zehn Minuten vor der Schraube ein und suchten das Weite. Hinter einem Hügel, etwa 100 Meter vom Fuchsbau entfernt, lauerten wir voller Anspannung auf das, was passieren würde. Wie lang zehn Minuten dauern können!

Dann geschah etwas, das uns allen das Herz stehen bleiben ließ: Für uns vollkommen unerklärlich kam plötzlich ein einsamer Radfahrer an diesem öden Ort vorbei und fuhr direkt in Richtung Bombe. Wir waren wie gelähmt. Es war unmöglich, aus der Deckung zu gehen und ihn zu warnen. Ein Blick auf die Uhr sagte uns, dass es jeden Moment so weit sein musste.

Da erschütterte eine gewaltige Detonation die Erde. Wir wurden von einer gigantischen Druckwelle erfasst, die unsere

Lungen zusammenpresste. Reflexartig stürzten wir zu Boden und waren vollkommen perplex, als wie im Kriegsfilm die aufgewirbelte Erde auf uns herunterrieselte. Gleichzeitig wollten wir sehen, was passierte: Wir beobachteten, wie der Radfahrer, der überhaupt nicht wusste, wie ihm geschah, sich im Hechtsprung ins Gebüsch rettete. Aufatmend stellten wir fest, dass er noch in entsprechender Entfernung zum Tatort gewesen war, sodass er unversehrt blieb.

Als wir stiften gingen, brach ich sämtliche meiner sportlichen Rekorde. Wir wollten nichts wie weg! Einerseits war die Explosion ein voller Erfolg gewesen, den es zu feiern galt, andererseits durfte uns keiner entdecken.

Am nächsten Tag hatten wir es zum Dorfgespräch geschafft. Alle unterhielten sich über den lauten Knall und dass etwas passiert sein musste. Wir waren stolz, verrieten jedoch kein Sterbenswörtchen.

Nachdem einige Zeit verstrichen war, trauten wir uns noch mal an den öden Ort mit dem Fuchsbau. Die Neugier trieb uns an zu gucken, wie groß der Krater war, den die Explosion gerissen hatte. Als wir das riesige Loch in der Erde sahen, waren wir überwältigt. Siegesbewusst nannten wir uns von nun an „Meister". Gleichzeitig war uns durch die Situation mit dem Radfahrer klar geworden, wie groß und real die Gefahr für uns und andere gewesen war, und so entschloss sich unsere Crew, dieses Handwerk einzustellen.

Bei diesem Abenteuer habe ich erlebt, wie unser himmlischer Vater seine Meisterhände schützend über uns gehalten hat. Dass er uns liebt, ist bombensicher.

ERICH, MEINE HOFFNUNG

Pfingsten im Jahr 1985: Von staatlicher Seite geduldet, fanden in diesen Tagen sogenannte Simultanjugendtreffen in verschiedenen Kirchengemeinden rund um Berlin statt – ausgerichtet von der Jugendarbeit des Bundes Evangelisch-Freikirchlicher Gemeinden in der DDR. Da kamen an unterschiedlichen Orten Jugendgruppen und angereiste Gäste verschiedener Denominationen zusammen und hielten parallel über das Pfingstwochenende Treffen ab. Überall ging es um dasselbe Thema, man hatte ein Mottolied und verbrachte einige Tage in Gemeinschaft.

Eines dieser Simultantreffen fand bei uns auf dem Bäckereigelände in Schwante statt. Hier hatte unsere Brüdergemeinde unter großem persönlichem Einsatz eine Kapelle für ihre Gottesdienste gebaut. Die Kellerräume waren als eine Art einfaches Freizeitheim nutzbar, in dem jährlich Kinder- und Jugendfreizeiten stattfanden und wo Hunderte zum Glauben an Jesus fanden.

Zum Simultanjugendtreffen 1985 reisten mindestens 40 junge Leute aus der ganzen DDR an und mischten sich unter unser Dutzend aus der Gemeindejugendgruppe. Sie waren entweder im Freizeitheim neben der Bäckerei einquartiert oder übernachteten in Privatunterkünften in der Nähe. Wir waren so dankbar, dass wir uns in einem solchen Rahmen treffen konnten. Es gab sogar einen großen Abschlussgottesdienst am Pfingstmontag unter freiem Himmel in Berlin, mit wohl 2000 bis 3000 Leuten. Das war tatsächlich möglich in dieser Zeit! Gleichzeitig wusste aber auch jeder, dass wir von offizieller Seite gut beobachtet wurden.

Für die Abschlussveranstaltung wurden einige Jugendliche ausgewählt, auf der Bühne zu sagen, was ihre Hoffnung ist. Ich war mit meinen 18 Jahren Jugendmitarbeiter und von unserem Regionaltreffen auserkoren worden, mein Hoffnungsstatement vor dieser großen Menschenmenge abzugeben. Meine erste große öffentliche Rede!

So stieg ich, ein klapperdürrer Teenager, die Stufen zur Bühne hinauf und stellte mich ans Mikrofon. Von hier oben blickte ich in ein Meer von Köpfen, die alle zu mir auf die Bühne schauten. Ich begann: „Was meine Hoffnung ist, kann man in einem Wort ausdrücken: Erich."

Auf einen Schlag herrschte Totenstille auf dem Gelände. Mit diesem Satz hatte ich alle Aufmerksamkeit auf mich gezogen. Selbst diejenigen ganz hinten, die eben noch geschwatzt hatten, waren jetzt erstarrt und blickten erschrocken zu mir. Bis heute sehe ich das Gesicht eines Jugendleiters vor mir, ein wenig blass um die Nase. Der hat vielleicht geschwitzt! Genau wie die Verantwortlichen des Jugendtreffens.

Nach meiner kurzen rhetorischen Pause ergänzte ich mit meiner jugendlichen Ernsthaftigkeit: „Das muss ich wohl erklären: Wenn man sich das Wort ‚Erich' genau anschaut, dann besteht es eigentlich aus zwei Worten: Er und ich. Vorne ist ein großes Er, das bringe ich in Verbindung mit Gott. Der soll die erste Stelle in meinem Leben haben. Dahinter steht ein kleines ich. Genauso möchte ich mein Leben nach Gott einplanen und führen: Wenn ich mich Gott unterordne und hintanstelle, dann habe ich wirklich Hoffnung, dass mein Leben gelingt."

Als ich geendet hatte, spürte ich förmlich das Aufatmen im Gelände. Ein paar gelöste Lacher drangen bis zur Bühne, verschmitzte Gesichter in vielen Reihen. So spitzzüngig diese Rede auch war, so war es doch möglich in dieser Zeit, auf den Generalsekretär des Zentralkomitees der SED, Erich Honecker, anzuspielen, ohne dass es Konsequenzen gab.

Von den anschließenden Rückmeldungen der Jugendlichen weiß ich, dass es ein Statement war, das vielen zu Herzen gegangen war. Und nicht nur das: Auf Erich Honecker anzuspielen, hatte mir die maximale Aufmerksamkeit gebracht, sodass sich alle diese Glaubensweisheit gut merken konnten. Auf diese Weise durfte ich an diesem Tag vielen jungen Leuten Mut und Hoffnung machen, ihren Glauben engagiert zu leben. In einer Zeit, in der entweder der Staat und das Gemeinwohl an erster Stelle standen, oder aber der Einzelne selbst.

EIN BÄCKER MUSS SCHIEßEN

Da ich aus einer traditionsreichen Bäckerfamilie stamme, lag es im Grunde auf der Hand, dass auch ich dieses Handwerk erlernen würde. Aber genauso entscheidend war, dass ich mich entschlossen hatte, kein Leben mit Kompromissen zu führen, um an ein Studium zu kommen. Ich war ja weder in der FDJ, dem kommunistischen Jugendverband, noch hatte ich eine Jugendweihe mitgemacht. Dinge, die zu einer linientreuen DDR-Biografie unbedingt gehörten und einem auch entsprechende Karrieremöglichkeiten auftaten.

Als bekennender Christ war ich dadurch schon als Kind immer mal wieder außen vor, aber hatte auch gelernt, damit umzugehen und mich mit meinem Glauben zu positionieren. Pläne für ein Studium zu verfolgen, hätte auf jeden Fall bedeutet, hier und da eine ideologische Fahne zu schwenken. Manchmal war ein Studium auch an eine Unteroffizierslaufbahn oder Ähnliches gebunden. Dazu war ich aber nicht bereit. Allerdings schmerzte es mich schon, dass ich zwar die besten Zensuren hatte, mir aber nicht dieselben Karrieremöglichkeiten offenstanden wie anderen, die linientreu waren.

Mir war aber auch klar, dass ich als Handwerker mit eigenem Betrieb wie auf einer geschützten Insel agieren und einige Freiheiten genießen konnte. So trat ich also mit 16 Jahren meine Bäckerausbildung an. Dazu hatte ich einen Lehrvertrag im väterlichen Betrieb abgeschlossen – was bedeutete, dass ich bei meinem Vater stramm und hart arbeiten lernte. Auch große Verantwortung zu tragen hatte ich schon früh gelernt, da ich hin und wieder eine Woche von der Schule befreit wurde, damit man die Bäckerei nicht schließen musste. Mein Vater war nämlich zu der Zeit schon schwer herzkrank und ich musste einspringen und den Meister vertreten, wenn er ausfiel.

Nun also startete ich in die richtige Lehrzeit und pendelte an ein bis zwei Tagen pro Woche zur Berufsschule nach Berlin, ins Backwarenkombinat BAKO Pankow-Heinersdorf, wo ich meine theoretische Ausbildung erhielt. Bei schönem Wetter fuhr ich die halbe Stunde von Schwante aus mit dem Motorrad, ansonsten nahm ich die S-Bahn.

In dieser Bäckerschule wehte ein recht scharfer militärischer Wind, und wie ich bald merken sollte, nahm man es mit der vormilitärischen Ausbildung ziemlich genau. Einige der Lehrer hatten nämlich früher dem Wachregiment der DDR angehört – der militärischen Formation, die für den Schutz von Regierungseinrichtungen oder für Paraden eingesetzt werden. (Was wir damals nicht wussten: Die harmlos aussehenden Bäckereilieferautos auf dem Hof des Backwarenkombinats hatten eine Doppelfunktion: Sie wurden bei besonderen Einsätzen, zum Beispiel in der Zeit der Wende-Demos, als „grüne Minnas“ genutzt, also zur vorübergehenden Verwahrung von Demonstranten. Auch gab es auf dem Gelände einige Räume, die als Außenstation der Partei oder Stasi genutzt wurden.)

Geländemärsche und spielerische militärische Übungen kannten wir schon aus der Schule. Im Rahmen der Berufsausbildung übernahm die Gesellschaft für Sport und Technik (GST) die Aufgabe der vormilitärischen Ausbildung – für die Männer wie für die Frauen. Das alles diente der Militarisierung und Wehrhaftigkeit der Gesellschaft. So hatten wir auch in der Berufsschule ein- bis zweimal im Monat „Wehrerziehung“ und immer mal ein oder zwei Wochen „GST-Lager“, wo Auszubildende verschiedener Gewerke irgendwo im Wald im tiefsten Brandenburg eine intensivere Einheit an Militärausbildung erhielten. In diesen Camps hatten die Ausbilder auch die Gelegenheit, geeignete und talentierte Leute zu entdecken und sie für eine Offizierslaufbahn oder sonstige DDR-Karriere zu gewinnen.

Da ich als äußerst großer Mensch Probleme mit der Wirbelsäule habe, hatte ich ein Attest, das mir eine Sportbefreiung ermöglichte. Dieses Attest brachte ich auch ein, um mich zum Innendienst melden zu können. Denn was ich nicht lernen wollte, war schießen. So gehörte ich schließlich der Truppe in der Küche an. Hier brachte ich mit Eifer zum Einsatz, was ich gut konnte und was mir mein Vater beigebracht hatte: fleißig sein und Verantwortung tragen. Jeden Tag gab ich dort mein Bestes, ich war ein top Mitarbeiter, ausgeschlafen, rockte die Küche und ließ mir nichts zuschulden kommen. Wenn wir nachts mit der Trillerpfeife aus den Betten geschmissen wurden und zu einem Nachtmanöver in den Wald mussten, hatte ich die – nicht gerade schlechteste – Rolle, an einer Station die Erschöpften mit Tee zu empfangen.

So ging alles gut bis zu dem schönen Tag, als ich mit meinen Kameraden in einer Pause Tischtennis spielte. Da kam ein Offizier dazu und sagte auffordernd: „Komm, gib mir mal 'ne Kelle, ich spiel 'ne Runde mit!“ So kam es dazu, dass ich gegen den Offizier Tischtennis spielte und ihn dann auch noch unter dem lauten Gejohle meiner Kameraden besiegte. Da wurde er auf mich aufmerksam. „Warum hat dieser Junge eine Sportbefreiung? Das kann ja wohl nicht angehen. Da ist doch was faul!“

Wenig später sollte ein einschneidendes Erlebnis folgen: Nicht gerade sanft wurde ich in eine Baracke des Lagers geführt. Vorn aufgebaut war eine Tafel, an der der hochdekorierte Vorsitzende, ein Offizier, in der Mitte saß, einige hohe Tiere neben ihm, einer von ihnen hatte die Beine auf dem Tisch. Ich musste mich auf einen Hocker in der Raummitte setzen, links und rechts von mir standen Männer, auch schräg hinter mir ein oder zwei, die ich nicht sehen konnte. Da saß ich nun, ein großer, klapperdürrer Junge von 16 Jahren mit dem Militärkäppi auf dem Kopf. Und dann wurde mir auf den Zahn gefühlt, aber so richtig.

Unbeholfen erzählte ich von meiner Sportbefreiung und dass ich in der Küche meinen Dienst machte. Versuchsweise setzte ich lobend an: „Ich bin sehr froh, in meinem friedliebenden Heimatland zu leben, und mein Beitrag dazu ist, dass ich meinen vorbildlichen Einsatz im Innendienst leiste. Ich bin dankbar, dass es die Möglichkeit für Menschen wie mich gibt, später nicht an der Waffe zu dienen, sondern Bausoldat zu werden ..." Aber noch ehe ich richtig zu Wort kommen konnte, fielen mir die Männer ins Wort und ich kam in ein regelrechtes Kreuzverhör – und in Erklärungsnot. „Na, Kamerad, was würden Sie denn machen, wenn Sie durch einen Park gehen und jemand greift mit dem Messer Ihre Freundin an. Würden Sie sie da nicht verteidigen und zuschlagen? Sind Sie so ein Feigling, dass Sie das andere machen lassen würden? Wissen Sie eigentlich, was für eine Pflaume Sie sind?"

Das Verhör wurde manipulativ und beleidigend. Im Stillen betete ich und blieb standhaft, verwies auf meinen Glauben und mein Gewissen. Dann wurde es lauter: „Was ist das denn bitte für ein Glaube? Wissen Sie eigentlich, was für einen Schwachsinn Sie da glauben? Na, wenn Sie so bibelfest sind, dann erklären Sie uns doch mal bitte die Jungfrauengeburt." Eine belustigte Stimmung machte sich breit. Der Einzige, dem so gar nicht nach Lachen zumute war, war ich. Es war hochnotpeinlich! Mit tiefrotem Gesicht stotterte ich, ein unbeholfener Teenager, mir einen ab, während die Offiziere und Ausbilder ihren Spaß hatten.

Irgendwann wurde es dem Vorsitzenden zu viel und er brüllte laut: „So, jetzt will ich mal die Fakten zusammenfassen – Herr Plentz hat den Lehrvertrag unterschrieben. Dazu gehört die vormilitärische Ausbildung. Auch das Schießen. Wenn Sie nicht schießen, werden Sie vertragsbrüchig und können nicht Bäcker werden." Mit bösem Blick herrschte er mich an: „Und jetzt raus, ab zum Schießen!"

Etwas benommen trat ich aus der Baracke. Ausgerechnet heute gab es Schießübungen. Ich hatte noch nie eine Waffe in der Hand gehabt, musste mich aber in die Reihe stellen. Schritt um Schritt kam ich dem Unteroffizier vom Dienst näher, der einen nach dem anderen schießen ließ. Als der Mann vor mit geschossen hatte, hieß es: „Der Nächste bitte!" Ich sagte ihm: „Ich werde nicht schießen. Ich hab mit Offizier X schon geredet, der weiß Bescheid." „Gut, wenn das so ist – der Nächste bitte!", kam die knappe Antwort.

In diesem Moment habe ich die starke Erfahrung gemacht, wie es Jesus in Markus 13,11 zusagt: „Wenn man euch verhaftet und vor Gericht stellt, dann macht euch nicht im Voraus Sorgen, was ihr sagen sollt. Denn wenn es so weit ist, wird euch eingegeben, was ihr sagen müsst. Nicht ihr seid es, die dann reden, sondern der Heilige Geist." Meine Antwort hatte ich nicht vorbereitet. Sie war mir in dem Moment in den Kopf gekommen, als ich vor dem Schießstand aufrückte.

Aber die Geschichte hatte noch ein Nachspiel: Durch den Vorfall war ich in den Fokus der verantwortlichen Offiziere gerückt. Offenbar hatten sie Wind davon bekommen, dass ich mich weiterhin geweigert hatte zu schießen. So kam eines Tages einer der Verhörer zu meinem Vorgesetzten des Innendienstes. Ohne dass die beiden es wussten, räumte ich gerade nebenan in der Kleiderkammer auf und konnte das Gespräch mithören.

„Der Plentz drückt sich, das kann nicht angehen. Wir müssen Maßnahmen ergreifen, hart durchgreifen und können nicht weiter erlauben, dass er im Innendienst bleibt!" Darauf hörte ich meinen Vorgesetzten entgeistert ausrufen: „Seid ihr etwa verrückt? Der Plentz ist mein bestes Pferd im Stall, den könnt ihr mir nicht wegnehmen! Jetzt gerade wird das ganze Lager zurückgebaut, das geht nicht!"

Und so blieb ich.

Die Krönung kam dann beim Abschlussappell – einer eindrücklichen militärischen Inszenierung. Am Ende des Lagers stellten sich alle Hundertschaften auf einem großen Platz auf – Hunderte von Leuten aus den Bezirken Potsdam und Berlin. Feierlich wurde die Fahne gehisst, wir standen in Reih und Glied und mussten sie grüßen. Es gab Marschmusik, bedeutende Reden von politischen Gästen und unseren Ausbildern. Ein feierlicher Rahmen für den Abschluss unserer vormilitärischen Ausbildung. Bei diesem Appell wurden die besten Schützen nach vorn geholt und gelobt und erhielten einen stattlichen Geldbetrag als Belohnung.

Plötzlich rief der Offizier, der mich beim Barackenverhör so verhöhnt hatte: „Karl-Dietmar Plentz". Ich traute meinen Ohren kaum! Auch ich wurde nach vorne gerufen und öffentlich geehrt – als bester Mann aus dem Innendienst! Und das, obwohl ich doch zum Ärgernis der Lagerleitung geworden war. Ich war tief ergriffen. Nun überreichte mir der Offizier feierlich ein Buch: „Roter Schnee" von Günter Hofé.

Für mich war dieser Moment voller Freude und auch irgendwie voller Ironie. Da stand ich nun, vor diesen Hundertschaften, hatte mein Bestes gegeben, war meinem Gewissen gegen Widerstand treu geblieben – und wurde geehrt! Und zwar für meinen Fleiß und meine gute Arbeit. So stellte sich

Gott zu mir, als ich mich zu ihm gestellt hatte. Was für eine Wahrheit!

Keine Frage – den Roman bewahrte ich über lange Jahre auf. Gelesen habe ich ihn ehrlich gesagt nie. Bücher sind nicht so mein Ding. Zwar lese ich viel Zeitung und Fachlektüre, aber außer der Bibel und dem, was ich in der Schule lesen musste, keine Bücher. Doch der „Rote Schnee" hat mich immer wieder an diesen unglaublichen Moment meines Lebens erinnert. Und daran, dass gerade in den herausfordernden Momenten unseres Lebens so viel Segen erlebbar sein kann. So eine besondere Nähe zu Gott. Wie wir in brenzligen Situationen beten lernen, erfahren, dass Gott seine Hand über uns hält und er uns Weisheit gibt.

LOVESTORY

Ich kann mich noch gut erinnern, wie ich als junger Bäckerazubi so manches Mal meine Eltern beobachtete, wie sie gemeinsam das Unternehmen stemmten. Wenn ich meinen Vater zur Innungsversammlung begleitete, saßen da im Raum bleiche, hustende Männer, die von der harten Arbeit gezeichnet waren. Trotzdem besaßen sie auch Herz und Schnauze und hatten es für die Verhältnisse in der DDR doch zu bescheidenem Wohlstand gebracht.

Dass ich in den elterlichen Betrieb einsteigen würde, war ausgemachte Sache. Wenn ich dann so meinen Vater unter den Männern sah, überlegte ich mir, wie es sein würde, eines Tages hier an seiner Stelle zu sitzen, und was für eine Frau wohl an meiner Seite sein würde. Manchmal erlebte ich sehnsuchtsvolle Tage, an denen ich mich fragte: Was mutest du dann deiner Zukünftigen zu? Mir war klar, dass die Entscheidung für eine Frau eine der größten Entscheidungen meines Lebens sein würde. Ich wollte nicht viele Freundinnen, sondern die eine. Ich wollte keine Affären, sondern eine Partnerin, die an meiner Seite stehen und bereit sein würde, die Herausforderung der Selbstständigkeit als Bäcker in der DDR mit mir zu meistern.

So trug ich mich, wenn es christliche Events oder Freizeiten gab, immer gern ins Küchenteam ein und bemühte mich darum, einen guten Eindruck zu machen – beim Abwaschen oder Abtrocknen zu helfen und für fröhliche Stimmung zu sorgen. Mir war klar: Ich will nicht nur eine hübsche Frau haben, sondern auch eine, die Freude an der Arbeit hat.

Bei den Kinderfreizeiten, die auf dem Gelände unserer Bäckerei stattfanden, war ich immer ein guter Gastgeber für die

Küchenfeen, die diese Freizeiten begleiteten. In einer dieser Wochen, als ich noch Jugendlicher war, lernte ich Agnes kennen und war sofort von den Socken. Sie war fleißig, bestens organisiert, machte perfekte Abrechnungen und sah noch dazu unglaublich gut aus. Wenn wir morgens in der Bäckerei unterwegs waren, suchte ich mir eine Position, bei der ich sie durchs Fenster beobachten konnte. Ich war geradezu betäubt vom Anblick ihrer knallengen roten Jeans. Pflichtbewusst versuchte ich, tagsüber konzentriert meiner Arbeit als Bäcker nachzugehen, was mir nicht immer gelang. Abends fuhren wir noch an den See oder grillten.

An einem dieser Grillabende half ich wieder bei den Vorbereitungen in der Küche. Es war ein geselliger Abend mit Spielen, Singen, Lagerfeuer und leckerem Essen. Wir vom Küchenteam hatten noch nicht gegessen und ich war der Einzige, der noch keine Grillwurst bekommen hatte. Als Agnes das mitbekam, bot sie mir an, von ihrer abzubeißen. Nun stand ich vor einer großen Herausforderung: Die Wurst war voller Bautzener Senf! Ich kann zwar unglaublich viel essen, aber Senf – das geht beim besten Willen nicht. Doch da es Agnes war, die mir die Wurst unter die Nase hielt, konnte ich nicht widerstehen. Nach kurzer Überlegung biss ich herzhaft hinein, versuchte angestrengt, mir meinen Ekel nicht anmerken zu lassen, und kaute die Wurst tapfer hinunter. So hatte ich im wahrsten Sinne des Wortes bei ihr angebissen.

Nach dieser fröhlichen Kennenlernwoche ging mir Agnes nicht mehr aus dem Kopf. Die Macht der Emotionen, die über mir hereinbrachen, erstaunte mich. Tag und Nacht konnte ich nur noch über mein Verliebtsein und Agnes nachdenken. Gleichzeitig drückte mich die Tragweite dieser Entscheidung und ich wollte auf keinen Fall einen Fehler machen. Da waren noch ein paar andere junge Frauen, die in mich verliebt waren. Mit denen wollte ich es mir nicht verscherzen, wenn ich jetzt den falschen Weg einschlug und vorschnell handelte.

Bald wurde mir bewusst, dass diese Entscheidung von so großer Bedeutung für mein Leben war, dass ich die Bestätigung von Gott dafür wollte, welcher der richtige Weg war. Mein kindlicher Glaube, den ich als Jugendlicher weiterentwickelt hatte, drang in neue Dimensionen vor. Ernsthaft fing ich an, darum zu beten, ob Agnes die richtige Frau für mich war.

Einige Zeit später – ich war mittlerweile 18 – war ich durch fleißige Arbeit und gute Ausgangsbedingungen stolzer Besitzer eines himmelblauen Trabant Kombi 601 DeLuxe. Der hatte zwar mehr Jahre auf dem Buckel als ich, aber dennoch war es für mich eine große Freude, damit unterwegs sein zu können. Schließlich mussten andere ihr Leben lang dafür schuften, um sich solch einen Wagen leisten zu können. Also lud ich meine Kumpels zu einer Reise durch den Süden der DDR ein. Beim Gedanken daran steigerten wir uns schön rein, wie das alles werden würde, und machten uns verrückte Vorgaben für unsere Fahrt: Wir wollten eine Nacht auf einem Ehrenfriedhof schlafen, eine auf einer Verkehrsinsel und eine in einer Höhle. Vollmundig erzählten wir allen davon.

So packten wir unsere Sachen. Bei allem jugendlichen Übermut war mein Gebet, dass Gott alles so führen würde, dass ich dann auch Agnes in Sachsen besuchen könnte. „Aber ich möchte dich herausfordern, dass du das führst“, war mein Anliegen an Gott.

Mein Vater konnte unser begeistertes Gerede schon bald nicht mehr hören. „Wenn ihr schon nach Sachsen fahrt und so viel Blödsinn vorhabt, dann könntet ihr doch wenigstens eine vernünftige Sache machen.“ Er trug mir auf, nach Bautzen zu fahren, zur Backofenfirma unserer Bäckerei, und ein Ersatzteil mitzubringen. Als ich Bautzen hörte, ging bei mir innerlich ein ganzer Weihnachtsbaum mit Lichterkette an – das war der erste Schritt in die Stadt, in der meine Angebetete lebte und zur Gemeinde ging!

Also zogen wir los. Eisenhart verfolgten meine Freunde und ich unsere Pläne. Im Elbsandsteingebirge schliefen wir in einer Höhle in den Bergen. In der Nähe von Waldenburg übernachteten wir zwar nicht auf einem Ehrenfriedhof, dafür aber in einem Mausoleum. Das war ganz schön gruselig. Als wir dort ankamen, war es schon dunkel. Im matten Licht des Trabischeinwerfers bauten wir schnell unser Zelt vor der leeren Gruft auf. Weil uns so unheimlich zumute war, flüchteten wir uns gleich in den Schlaf.

Nachts wachte ich auf, weil einer meiner Freunde grunzte und stöhnte und sich von rechts nach links wälzte. „Hütti, wat is'n los?", flüsterte ich. „Ick muss pinkeln und trau mich nich raus!", gab er beklommen zurück. Die Nacht war aber lange noch nicht vorbei. Mit vielen Worten ermutigte ich ihn also rauszugehen und habe es noch heute in den Ohren, wie kurz darauf ganz nah neben dem Zelt ein strammer Wasserstrahl seinen Weg fand. Später kochten wir im Glanz der ersten herbeigesehnten Sonnenstrahlen dankbar ein paar Eier und frühstückten. Wir waren natürlich ganz stolz, dass wir es durchgezogen hatten.

Aufregender war dann schon der Plan, auf einer Verkehrsinsel zu übernachten. Da waren wir weniger unter uns als in den Bergen oder am Mausoleum. Wir wussten auch nicht, ob das nicht verboten war. Tagsüber hatten wir auf einem Bauernhof ein lebendes Huhn gekauft. Wir schafften es sogar, das Federvieh einen Kopf kürzer zu machen und so gut es ging zum Essen vorzubereiten. Völlig verdreckt – unsere Jeans standen vor Fett und waren mit Federn übersät – kamen wir in Bautzen an und fanden eine Verkehrsinsel an der B6. Dort schlugen wir etwas missmutig unser Zelt auf.

Morgens wurden wir vom Brummen der großen Lkws wach. Gerade als wir unser Zelt zusammengepackt hatten und anfingen zu frühstücken, griff uns die lokale Volkspolizei auf, die auf uns aufmerksam geworden war. Offenbar überforderten wir sie ein wenig. Nach unserer Aussage stand ja kein Schild da, dass man hier nicht zelten dürfe. Schließlich lenkten wir ein und versicherten, unser Frühstück im nahe gelegenen Bautzener Volkspark fortzusetzen, da wir wohl ein öffentliches Ärgernis darstellten. Dort kamen dann ein paar echte Landstreicher zu uns und frühstückten mit.

Während wir unsere Rühreier in der Pfanne über dem Gaskocher brutzelten und das zähe Vogelfleisch kauten, radelte ein junger Mann an uns vorbei. Plötzlich stieg er fest in die Bremsen, drehte sich zackig um und rief: „Euch kenne ich doch!" Tatsächlich hatte er bei der Kinderfreizeit auf unserem Bäckereigelände mitgearbeitet. Voller Stolz erzählten wir ihm von unseren Abenteuern. „Hey, wenn ihr hier seid, wo pennt ihr denn?", fragte er. „Wissen wir noch nicht", antworteten wir schulterzuckend. Sogleich versprach er, das für uns zu regeln, und lud uns zum heutigen Jugendabend der örtlichen Kirchengemeinde ein, zu der er gehörte. Dann fuhr er davon und informierte seine Mutter über die drei Jugendlichen, die in der Stadt zu Gast waren und was die alles gemacht hatten.

Bei mir war innerlich schon ganz schön viel los. Ich war nicht nur in Agnes' Stadt, sondern auch schon fast im Jugendabend, wo ich erwartete, meiner „Zukünftigen" zu begegnen. Schließlich kam der junge Mann wieder, um uns das Quartier für die Nacht mitzuteilen. Seine Mutter hatte in der ganzen Jugendgruppe herumtelefoniert, wer denn die Möglichkeit hätte, drei Jugendliche aufzunehmen. Die Ersten, die zusagten, waren Agnes' Eltern. Ich war außer mir vor Freude.

Das Problem war nur: Wir drei waren in beklagenswertem Zustand, verdreckt, nicht gewaschen und unrasiert. So konnten wir nicht zum Jugendabend gehen! Also schlug ich vor, das städtische Schwimmbad zu besuchen. Mit vielen süßen Worten betörten wir die Frau am Einlass, dass wir nur in die Dusche wollten, um uns zu waschen und zu rasieren. Um dann nach erfolgreicher Waschprozedur mit den schicksten Sachen, die wir mithatten, abends zur Jugendstunde zu gehen. Schließlich ließ sie uns durch.

Als der Abend gekommen war und wir bei der Jugendstunde ankamen, jubelte mein Herz: Agnes war da und die Schmetterlinge in meinem Bauch flatterten wild umher. Für mich war es ein großes Wunder, dass ich wenige Stunden später dann auch noch zu Gast im Haus meiner Angebeteten sein würde.

Was hier passierte, verstand ich als deutliche Führung Gottes. Mich begeisterte seine Kreativität, wie er antwortet, wenn man ihn herausfordert. Manche mögen es Schicksal oder Zufall nennen – für mich war es eindeutig Führung. Doch es brauchte noch weitere Bestätigungen, da wir noch sehr jung waren – Agnes war 16, ich 18.

In dieser Zeit begegnete mir in Predigten, auf Postkarten oder beim Bibellesen mehrfach ein Vers, der schließlich den entscheidenden Ausschlag geben sollte: „Befiehl dem Herrn deine Werke, und deine Gedanken werden zustande kommen" (Sprüche 16,3). Das tat ich ja in großer Gründlichkeit, dem Herrn anzuvertrauen, was ich tun sollte. In der erklärenden Fußnote dieses Verses stand eine alternative Übersetzung: „Wälze auf den Herrn deine Werke ..." In diesem Gedanken fand ich mich absolut wieder. Denn tatsächlich kam es mir vor wie ein großer Felsbrocken, den ich Gott immer wieder rüberstemmte, wenn ich um Führung in Bezug auf meine zukünftige Ehefrau bat. Das war alles andere als ein locker-leichter Basketballwurf für mich. Gleichzeitig spürte ich in meinem Herzen die übermächtige Überzeugung, dass Agnes die Richtige war. Also beschloss ich schließlich, alle Entscheidungsangst über Bord zu werfen und darauf zu vertrauen, was die Bibel mir sagte: dass ich den vielen Hinweisen auf Agnes getrost folgen durfte.

Wenige Wochen später erhielt meine Herzensdame einen Brief von mir, in dem ich sie fragte, ob wir uns weiter kennenlernen wollten. Für Agnes war diese Entscheidung nicht leicht, bedeutete doch der gemeinsame Weg mit mir, dass sich all ihre beruflichen Pläne (sie wollte sich als Designerin und Schneiderin selbstständig machen) erledigen würden. Doch sie ließ sich darauf ein.

So lernten wir uns über die nächsten Jahre besser kennen, besuchten uns, freuten uns, dass sich unsere Familien gut verstanden, und schrieben uns Liebesbriefe. Wir merkten zunehmend, wie sehr wir uns ergänzten, wie die gegenseitige Sympathie und Zuneigung wuchs und wie aus dem ersten Verliebtsein eine tiefere Liebe wurde.

Mit meinem Antrag habe ich mich dann sehr schwergetan, war es doch eine so große Entscheidung. Doch das Happy End sollte folgen: Drei Jahre nach der Trabitour gaben wir uns vor dem Traualtar das Jawort. Die wunderbare Reise mit meiner Agnes begann!

2

Versöhnung in 1000 Teilchen

EHE UND FAMILIE

FR/SA

HEUTE KOCHT PAPA

Agnes und ich haben also sehr früh geheiratet – da war ich 21 – und gemeinsam früh Verantwortung übernommen für die Bäckerei und die Familie. Mit 22 wurde ich erstmals Vater, vier weitere Kinder sollten folgen. Als 1989 die Wende kam, war ich mir bombensicher, dass jetzt alles besser wird. Die Frage war eigentlich nur, wie schnell das gehen würde. Tatsächlich waren die frühen 90er-Jahre wirtschaftlich eine sehr erfolgreiche Zeit, unser Unternehmen wuchs merklich – wir waren jung und beweglich, führten die ersten Renovierungen durch und starteten mit der Bäckerei so richtig durch.

Nach der ersten Euphorie der Nachwendezeit kamen dann weitreichendere Strukturüberlegungen dazu: Mit der alten Bäckerei konnte es so nicht weitergehen, wir brauchten mehr Platz für die neue Technik und die modernen Maschinen. Klar war, dass wir bauen wollten. Nur wo? Sollten wir die alte Bäckerei ausbauen, das Traditionsbackhaus, in das meine Eltern ihr ganzes Leben investiert hatten, oder sollten wir einen neuen Betrieb auf der grünen Wiese aus dem Boden stampfen? Die Nachwendezeit hätte es hergegeben, noch einmal komplett neu anzufangen.

Bei solchen großen Entscheidungen ist es immer gut, sich zu überlegen, wer man ist. Natürlich auch Gott zu fragen: „Was ist unser Platz im Leben?" Nun steht es ja nicht in der Bibel, ob ich eine neue Fabrikhalle bauen soll oder nicht. Also musste ich das anders herausfinden.

So haben Agnes und ich uns Rat geholt, Berufskollegen in ähnlichen Situationen besucht und ihre Bäckereien besichtigt und Gespräche geführt. Bald reifte in uns die Gewissheit: Wir wollen Handwerker bleiben und zwar mitten im Dorf. Auch mit unserer überschaubaren, um die alte Bäckerei zur Verfügung stehenden Grundstücksfläche, wenn wir in Schwante ausbauen wollten. Allerdings musste der Neubau mehr Platz bieten für all die neue Technik. So konkretisierten sich die Pläne, dass wir die alte Bäckerei abreißen würden, um am alten Standort komplett neu zu bauen.

Was ich als sehr befreiend erlebte, war, dass meine Eltern, die ja noch da waren und mit uns lebten, uns völlig freie Hand gaben. Immer wieder – nicht nur beim Bau der neuen Bäckerei – habe ich diese wunderbare Wechselwirkung erlebt: Meine Eltern ließen mich gewähren, aber ich fragte sie – vor allem meinen Vater – viel um Rat. Ganz selten nur hat er interveniert und seine Bestätigung gab mir große Sicherheit.

Auch in diesem Fall beteiligten sich meine Eltern am Prozess, aber sie ließen es zu, dass wir alles, was sie in ihrem Leben aufgebaut hatten, abzureißen planten. Die alte Bäckerei war ein starker Ort der Erinnerungen für die ganze Familie, hier auf diesem Grundstück war in der DDR eine Kirche gegründet worden, hier war die Familie meiner Eltern gewachsen, mein Vater hatte die Bäckerei zu dem gemacht, was sie heute war – es war eine heftige, weitreichende Entscheidung. Doch sie war gefallen.

Das bedeutete aber auch, dass Leben und Arbeiten räumlich zusammenfallen würden. Wir würden als Großfamilie alle oberhalb der Bäckerei wohnen. Diese Überlegung war mit Wohl und Wehe verbunden: Wie würde das werden mit dem Feierabend? Mit der Trennung von Arbeit, Freizeit und Familie? Mir machte es etwas Sorgen, wie ich die Arbeit, die immer so nah war, mit meiner Rolle als Vater unter einen Hut bringen könnte.

Letztlich lief ich dann oft nach getaner Arbeit oder in der Mittagspause – wahlweise in Bäckerhosen oder im Bürooutfit – nur ein paar Schritte rüber in die Wohnung und wir als

Familie konnten zusammen zu Mittag oder Abendbrot essen. Es war toll, immer mal schnell zum Trösten, Ermahnen oder Ein-Kinderbild-Bewundern kurz nach nebenan kommen zu können.

Durch die mittlerweile fünf Kinder – Annica, Helen, Maximilian, Emelie und Luisa – herrschte natürlich immer eine ausgelassene Stimmung im Haus, das habe ich sehr genossen. Wenn dann alle schon auf Papa warteten und ich schließlich zur Tür hereinkam, stürmten die beiden Jüngsten – Emelie, damals acht, und Luisa, sechs – immer wie zwei wilde Kätzchen auf mich zu. Wir hatten unser Ritual: Sie rannten zu mir, sprangen auf meine riesigen Schuhe in Größe 48, hielten sich rechts und links an meiner Hose fest und ich musste so mit ihnen zum Tisch wackeln, wo schon das leckere Essen stand.

So ging eines Mittags wieder die Tür auf, Papa trat ein, aber nur ein Kätzchen kam angestürmt. Das andere war irgendwie seltsam beschäftigt und hatte gar keine Zeit. Am nächsten Tag wieder. Ich wunderte mich, da meine Emelie immer eine gewesen war, die besonders viel Nähe brauchte und mit der ich eine sehr herzliche Verbindung gehabt hatte. Irgendwie war sie distanzierter geworden. Nach ein paar Tagen kam unsere sächsische Haushälterin, die wie ein Familienmitglied bei uns wohnte, auf mich zu und steckte mir im feinsten Dialekt: „Du, mit dor Emelie musste ma ree'n, do stümmt ürgendwas nüsch."

Also versuchte ich herauszufinden, was da los war. Die Haushälterin hatte angedeutet, dass es was mit der Schule war. So erfuhr ich schließlich, dass Emelie bei all ihrem Fleiß und Ehrgeiz eine schlechte Note bekommen hatte. Sie brauchte eine Unterschrift, traute sich aber nicht, mir die Klassenarbeit zu zeigen. Eine Woche lang dachte ich nach. Am Samstag – ich hatte schon Feierabend, Mama war noch in der Spätschicht – hieß es dann: „Kinder, heute kocht Papa." Ich packte alle ins Auto und wir fuhren zum Dönerladen. Beim Döner futterten wir ordentlich und tranken zur Feier des Tages auch eisgekühlte Cola – wir waren fröhlich und ausgelassen. Doch wer nicht erschien, war Mama, obwohl sie versprochen hatte, gleich nachzukommen.

Wir waren schon fast fertig mit Essen, als endlich die Tür aufging und Agnes sichtlich niedergeschlagen in den Raum trat. Bedrückt klagte sie uns ihr Leid: „Mir ist was ganz Schlimmes passiert. Ich hatte es so eilig, euch hinterherzukommen, dass ich ganz schnell gefahren bin. Und als ich im Nachbarort war, hat die Polizei mich angehalten, weil ich so gerast bin ... Zu allem Unheil hatte ich dann nicht mal die Papiere dabei!" Ganz geknickt saß sie bei uns am Tisch. Wir alle blickten sie mitleidig an und versuchten, sie irgendwie aufzuheitern und zu trösten.

Dann sagte ich: „Weißte was, Agnes, so wat kann eim' im Leben schon ma passieren, dass man einfach einen Fehler macht. Det war nich schön, aber man kann ja auch immer in der Schule mal ne Vier kriegen. Auch wenn man det nich jewollt hat." Mir war sehr bewusst, dass ich hier nicht nur zu meiner Frau sprach, sondern zwei Botschaften mit einer Klappe kommunizierte. Und es funktionierte, denn Emelies blonder Lockenkopf drehte sich blitzschnell zu mir und ihre großen braunen Augen blickten mich fragend an. Ich wusste, ich hatte das Herz meiner Tochter gerade zurückerobert. Sofort sprang sie an und fragte hoffnungsfroh: „Papa, gilt das auch, wenn man zwei Vieren gekriegt hat?" Ich musste mir ein lautes Auflachen heftig verkneifen und antwortete gütig: „Ja, det gilt auch, wenn man zwei Vieren hat. Nich, dass dit jut wäre, aber manchmal passieren solche Dinge im Leben."

Mein Blondschopf war sichtlich erleichtert. Tatsächlich brauchte ich nur bis zum nächsten Morgen warten, da lagen zwei DIN-A4-Blätter auf meinem Schreibtisch, die mit rotem

Stift unterzeichnet waren. Obendrauf lag ein kleiner handschriftlicher Zettel mit Emelies Kinderschrift: „Papa, bitte unterschreiben – zwei Vieren.“ Ich musste grinsen. So habe ich die Klassenarbeiten dann unterzeichnet, Emelie zurückgegeben und ihr noch einmal versichert, dass das vorkommen kann. Dass es zwar unangenehm ist, wenn so etwas passiert, aber die Welt nicht untergeht. Emelie war sehr getröstet und unsere Beziehung wieder unbeschwert.

Für mich persönlich war diese Situation eine wichtige Lektion. Ich habe mich selbst wiederentdeckt. Ja, es kommt vor, dass man Fehler macht oder schuldig wird. Sei es, dass wir schlecht vorbereitet sind, ob wir willentlich etwas verkehrt machen oder einfach Dinge passieren, die nicht in unserer Hand liegen. Wenn wir damit nicht zu unserem himmlischen Vater gehen, der auf uns wartet und uns weiterhilft, dann kommt eine Distanz in die Beziehung. Wir fangen an, uns zu zerstreuen, wie Emelie, die plötzlich, als ich den Raum betrat, aufs Klo ging oder in einer Tasche kramte. Aber Gott hat uns total lieb. Was uns passiert ist, ändert das nicht. Wie toll ist es, wenn die Zeitspanne zwischen dem Moment, an dem die unschöne Sache passiert ist, bis zu dem, an dem wir sie mit unserem himmlischen Vater geklärt haben, kurz ist.

Es war so schade, dass die Nähe zwischen mir und meiner Tochter mehrere Tage unterbrochen war, weil da ungeklärte Probleme zwischen uns standen. Und wie schön war es, als das rauskam, dass es dann kein Donnerwetter gab, sondern Verständnis, und es danach einfach geklärt weiterging. Dass ich meiner Emelie sagen konnte: „Du, ick hab dich total lieb, auch wenn du zwei Fünfen geschrieben hättest, würde sich daran nichts ändern. Aber du kannst in Zukunft aufpassen, dass dit nich wieder passiert.“ So väterlich geht auch Gott mit uns und unseren Fehlern um.

FAMILIENPUZZLE

Nach einem langen Arbeitstag kam ich von der Bäckerei nach oben in die Küche zum Essen. Es war viel zu spät, die anderen waren längst fertig. So setzte ich mich allein an den Küchentisch, nachdem ich mir das Essen noch mal warm gemacht hatte. Meine Unterarme waren noch ganz klebrig von den Teigresten, denn obwohl ich in diesen Tagen eigentlich schon vorrangig im Büro arbeitete, hatte ich heute in der Backstube mit Hand angelegt. Ich spürte die Müdigkeit in meinen Knochen und im Kopf, lehnte mich erschöpft an die Stuhllehne und dachte: „Was für ein wunderbarer Moment, um einfach einmal abschalten zu können."

Genüsslich löffelte ich meinen Teller, während die Anspannung des Tages allmählich von mir abfiel. Doch mit einem Mal wurde meine abendliche, so wohlverdiente Ruhe jäh durch eine lauthalse Diskussion zwischen meinen Kindern Max und Emelie gestört. Unser zwölfjähriger Max war eigentlich ein ganz verträglicher Erdenbürger, der als Hahn im Korb von seinen vier Schwestern durch Barbie & Co. eine gewisse feminine Prägung mitbekommen hatte. Aus irgendeinem unerfindlichen Grund hatte dieser kleine Junge heute das Bedürfnis, seiner Schwester gehörig auf die Nerven zu gehen, indem er – ohne Erlaubnis! – einfach so ihr Zimmer betrat und sie störte. Die zehnjährige Emelie erklärte nach einer kurzen Zeit der Geduld sehr wortgewaltig und laut, dass es unangemessen sei, was er da tat. (Natürlich drückte sie das etwas weniger diplomatisch aus ...) Im Nu schaukelte sich die Situation hoch, ein Wort ergab das andere. Da hörte ich nur noch Max drohen: „Provozier mich nicht! Ich warne dich!" Kurz darauf brach die Diskussion abrupt durch einen bis in die Küche hörbaren dumpfen Schlag ab. Ich sah es bildlich vor mir, wie Max weit ausholte und seiner Schwester mit Leibeskräften einen waagerechten Faustschlag auf die Nase gab.

Da saß ich und wollte eigentlich nur meine Ruhe haben. Mit einem inneren Seufzer stand ich vom Küchentisch auf und fand Emelie in ihrem Zimmer auf den Boden gesunken. Durch ihre schlanken Finger, die sie vor die Nase hielt, rann tiefrotes Blut. Max stand etwas betreten daneben. Auch ihm war klar, dass hier gerade etwas gründlich schiefgelaufen war. Streng sagte ich: „Ihr müsst mir nüscht erklären, ick hab des allet mitbekommen. Aber wat hier passiert is, is absolut nich in Ordnung. Wir sind 'ne Familie und halten zusammen." Ich versorgte Emelies Nase, dann drehte ich mich um, ging an den Schrank und holte ein altes Weihnachtsgeschenk heraus – ein Puzzle mit 1000 Teilen. „Ick sammle jetzt alle Kabel von euern janzen technischen Jeräten ein, von Handy, Computer und so weiter. Wenn ihr dit Puzzle fertig habt, bekommt ihr se wieder."

Ohne große Widerrede nahm mir Emelie das Puzzle ab, klemmte es unter ihren Arm, stapfte mit energischer Verdrossenheit los und forderte ihren verdutzten Bruder auf: „Los, Max, komm mit!" Mit großer Tapferkeit schütteten sie die 1000 Teile des zerstückelten Anne-Geddes-Bildes von drei ineinander gekuschelten Babys auf den Tisch. Ein Berg von Teilchen in allen möglichen Schattierungen von Gelb. Eine nervtötende Arbeit von mindestens ein bis zwei Wochen lag vor ihnen.

Nach mehreren Stunden hatten die beiden Geschwister in mühseliger Schwerstarbeit immerhin den Rahmen der gelben Geduldsaufgabe hinbekommen – und tatsächlich waren sie durch das gemeinsame Puzzeln auch bald schon wieder versöhnt. Kurze Zeit später erbarmte sich der Rest der Familie und half fleißig mit. Schließlich war das ganze Puzzle in Teamarbeit fertig geworden. Ich gab unserem Hausmeisterteam Bescheid, dass sie Puzzlekleber besorgen sollten. Dann strichen wir das fertige Puzzle mit der Flüssigkeit ein und klebten es auf eine Grundplatte, sodass man es gut aufhängen konnte.

Bis heute hängt dieses gelbe Anne-Geddes-Puzzle bei uns im Kinderzimmerflur und erinnert uns jedes Mal, wenn wir vorbeilaufen, daran, dass wir als Familie zusammenhalten.

MEINE FEDER

Unsere fünf Kinder sind alle völlig unterschiedlich. Natürlich merkt man die familiäre Prägung, was von den Eltern durchschlägt und von der Familie. Aber keines ist wie das andere. Helen, unsere Zweitälteste, ist mit ihrem Temperament und ihrer fröhlichen Art nicht durchs Leben gegangen, sie ist geschwebt oder gehüpft. Schon als Kleinkind hatte sie daher bei mir die liebevolle Beschreibung weg: „Helen ist meine Feder." Eine große Leichtigkeit, ja auch liebenswürdige Ausgelassenheit zeichnete sie aus. Dadurch und auch durch ihre besondere Empathie hatte sie einen großen Freundeskreis und war sehr beliebt – und das ist sie bis heute.

Doch teilweise hat mich ihr Charakter persönlich herausgefordert. Im Gegensatz zur restlichen Familie war Helen ein äußerster Morgenmuffel – wenn sonntags schon alle im Auto saßen, dann konnte sich Helen wie eine gefährliche Katze an ihre Bettdecke klammern und den Morgen bis ins Letzte ausdehnen. Oft musste ich mit allergrößtem Fingerspitzengefühl und auf leisen Sohlen liebend um sie werben, damit sie aufstand, wenn wir als Familie etwas vorhatten. Doch wenn sie schließlich beim Ausflug dabei war, schlug bei allen die Emotionsskala stark nach oben aus, denn sie konnte unheimlich gut begeistern. Mit ihrer Partylaune prägte sie die Stimmung der ganzen Familie.

Mir war bald klar: Wenn ich Helen im Griff habe, habe ich die ganze Familie im Griff. Nur war Helen mit meinen normalen Möglichkeiten nicht so leicht beizukommen, da meine ruhigen Worte, mein Einfühlungsvermögen und insbesondere meine Nähe bei ihr nicht immer funktionierten. Das Mädchen war nicht einfach in den Arm zu nehmen.

Doch es gab sie, die besonderen Momente, in denen die Initiative, sich anzukuscheln, von ihr ausging. Wenn sie mal eine starke Schulter brauchte oder einen weichen Bauch, um sich anzuschmiegen. Dann genoss ich es umso mehr. Aber das war bei ihr nicht zu bestellen.

Als Helen in der vierten Klasse von einer Klassenparty zurückkam, sprach mich ein sichtlich irritierter Klassenlehrer an. Der Mann rang geradezu darum, höfliche Worte dafür zu finden, ob ich denn als christlicher Mensch wüsste, welches Temperament meine Tochter an den Tag legte. Nach der Klassenparty mit ihr war er doch stark verunsichert, ob sich meine Tochter im Sinne meiner Erziehung verhalten hatte. Es war so putzig, wie er äußerst vorsichtig und diplomatisch vortrug, dass Helen, die sonst eine vorbildliche Schülerin war, mit ihren Freundinnen anzügliche Tänze im Stil von Shakira-Videoclips bauchnabelfrei auf dem Tisch getanzt hatte. Innerlich musste ich lachen. Dieser gute Mann hatte schon unsere älteste Tochter Annica unterrichtet, die im Gegensatz zu Helen so pflichtbewusst und geradlinig war wie eine Lokomotive auf der Schiene. Kein Wunder sah er es als Gewissenssache an, mich ins Bild zu setzen!

Ich fasste einen Entschluss und sagte meiner Tochter: „Ich liebe deine Art, deine Fröhlichkeit. Auch wenn es miteinander nicht immer leicht ist, will ich immer dein Freund sein.“ Dann machte ich ein tolles Bild von uns: Sie in irgendwelchen crazy Klamotten, mit zerzausten Haaren, einer abgefahrenen, fast schon provokanten Mütze, einem fetten Ohrring mit großen Federn drin und dazu ein breites Zahnspangenlächeln im Gesicht. Ich gucke ihr von hinten über die Schulter. Dieses Bild habe ich gerahmt und darauf geschrieben: „Hi Helen! Ich will dein Freund sein – für immer! Dein Papa. PS: Du bist meine

Feder." Das Foto schenkte ich ihr zu Weihnachten. An einer versteckten Stelle in ihrem Zimmer haben wir dann einen Nagel in die Wand geschlagen und es gemeinsam aufgehängt. So konnte sie es sehen, aber es war nicht für alle sofort sichtbar, die in ihr Zimmer kamen. Für mich war es tatsächlich eine große Entscheidung, ihr das zuzusagen: „Egal was kommt, ..." Denn es gab sie auch, die schwierigen Momente, in denen ich nicht wusste, wie ich mit ihr umgehen sollte.

Für bestimmte Situationen machte ich schließlich einen Deal mit ihr. Ich schlug vor: „Helen, wenn wir ma wieder irgendwo in großer Runde zusammensitzen und du tanzt aus der Reihe, dann werd ick nich mit dir schimpfen. Sondern wir beede machen 'n Codewort aus, und immer wenn ick denke, dein Verhalten is jetzt unerträglich jeworden, dann werde ick so, dass es keener mitkriegt, das Wort sagen."

Helen war einverstanden und ich überließ es ihr, das Codewort festzulegen. Sie beschloss, es soll „Chips-Cola" heißen. (Da braucht sich jetzt keiner Gedanken machen, was das soll, es hat nämlich keinerlei Bedeutung.) Mit diesem Deal fühlte ich mich gut bewaffnet und wir zogen als Vater und Tochter weiter durchs Leben. Bei der nächsten Gelegenheit wandte ich meine Geheimwaffe dann hoffnungsfroh an. Beschwörend raunte ich in Richtung meiner Tochter: „Chips-Cola!", aber, na ja ... es hat nicht funktioniert. Oder später nur mal in Ausnahmefällen. Aber was viel gewichtiger war, hatte ich ja bereits zum Ausdruck gebracht. Nämlich dass ich sie liebe, auch wenn sie als Kind mich so herausforderte.

Ganz besonders heftig wurde es, wenn Helen mit ihrer besten Freundin Anke zusammen war. Dann hat sich diese Eigenschaft nicht etwa verdoppelt, sondern multipliziert. Als die beiden Selfie-Videos für sich entdeckt hatten, gab es kein Halten mehr. Da kauften sie sich einmal riesige Tüten Chips, die sie im wahrsten Sinne des Wortes „auffraßen“, um dann mit vollem Mund Reden für ihre zukünftigen Schwiegermütter aufzunehmen. Darin haben diese beiden 14-Jährigen ihren Schwiegermüttern in spe erklärt, sie sollten es sich auf keinen Fall einfallen lassen, sonntagnachmittags zu Besuch zu kommen, irgendwelchen beschissenen selbst gebackenen Kuchen mitzubringen und obendrein noch doofe Erziehungstipps zu geben. Wie man sich vorstellen kann, wurden diese Videos zur großen Begeisterung der späteren Hochzeitsgäste vorgeführt – als Beweis ihrer witzigen Verrücktheit.

Helens Hochzeit war für mich ein ganz großer Tag. Tatsächlich hatte sie die wilden pubertären Zeiten mit den durchgehenden Hormonen gewissermaßen ohne größeren Schaden überstanden – und wir auch. Mich berührte zu sehen, wie sie sich verliebte, einen starken Mann an ihrer Seite und ihren Platz im Leben fand.

Für mich als Vater war das ein toller Moment: Da fuhren sie mit einem Mercedes-Cabrio aus den 30er-Jahren, der früher dem Scheich von Persien gehört hatte, vor die Kirche in Berlin-Wilmersdorf. Ein sonniger Tag, ringsum die Westberliner Stadtvillen, die Straßen gesäumt von alten, hohen Bäumen, durch die das Mittagslicht flimmerte. Der Vorplatz der Kirche war voller junger, hübscher, herausgeputzter Menschen, da Helen sehr jung geheiratet hat. Und dann durfte ich meine wunderschöne, strahlend weiß gekleidete Tochter zum Altar führen. Schön langsam, Schritt für Schritt im Hochzeitskutschentempo. Besonders bewegt hat mich, dass Helen ihr Outfit bis zu den Accessoires sorgfältig ausgewählt hatte. Unter anderem trug sie eine silberne Haarspange in Form einer Feder. Sie sagte zu mir: „Papa, du hast mich begleitet bis zu diesem Punkt. Damit, dass ich heute diese Feder trage, will ich dich ehren.“

In der Kirche und auch später zum Fest leuchtete überall launige Frankreich-Dekoration, ganz im Sinne meiner Mottoparty-Leidenschaft. Ralph, Helens Bräutigam, hatte ihr nämlich auf dem Eiffelturm den Heiratsantrag gemacht. So hatten wir mit großer Begeisterung alles im französischen Stil eingerichtet, vom Essen über die Deko – alles in Blau-Weiß-Rot. Natürlich strahlte auch die Hochzeitstorte aus bestem Hause in den Farben der Trikolore ...

Jetzt ist Helen schon seit einigen Jahren aus dem Haus. Sie ist zu einer klugen, ausgeglichenen, lebensfrohen und gastfreien Frau geworden.

Über die Jahre habe ich es immer als großes Spannungsfeld erlebt, Vater und Unternehmer zu sein. Oft war es alles andere als einfach. Mir ist bewusst, dass ich nicht mit Quantität glänzen konnte. Doch folgender Grundsatz leitete mich: Meine Familie und meine Kinder sind mir wichtiger als meine Arbeit. Mein Auftrag im Leben ist es, Vater zu sein.

Im Leben sind wir so oft bemüht, Höchstleistungen zu erbringen und unser Bestes zu geben. Doch die Kindererziehung ist wie kaum ein anderer Bereich von einem Gott abhängig, der Gnade schenkt und vergibt. Denn gerade hier steht man in der Gefahr, die meisten Fehler zu machen. Von daher bin ich voller Dankbarkeit, wie Gott uns als Eltern geleitet und uns Gnade gegeben hat.

Helen hat mir einmal zu Weihnachten einen Liebesbrief geschrieben, in dem sie ausdrückt, was sie mitgenommen hat. Da schreibt sie:

... du bist mit Abstand der beste Papa der Welt. Früher im Kindergottesdienst wurde immer betont, dass Gott der beste Vater ist. Aber das habe ich als kleines Kind nie verstan-

den – ich hatte doch schon den besten Paps der Welt. Auch wenn ihr als Eltern immer viel gearbeitet habt, wart ihr dennoch immer für uns da. Ich hatte eigentlich nie das Gefühl, euch zu wenig zu sehen. Freunde haben mir unter Tränen erzählt, dass sie nie gelobt werden oder sich nicht von ihren Eltern für voll genommen fühlten. Besonders schlimm war es für sie, dass ihr Vater nie zu ihnen gesagt hat, dass sie schön sind. Innerlich atmete ich auf – denn ich hatte die Traumeltern, vor allem einen Traumpapi, der mir Liebesbriefe schrieb und mir Blumensträuße schenkte.

Das muss ich kurz erklären: Eine meiner besonderen Wertschätzungen war, dass ich, wenn meine Töchter ihre erste Regel bekamen, ihnen einen riesigen Strauß Blumen mit mindestens 30 Rosen gekauft und aufs Zimmer gestellt habe. Daneben legte ich einen handgeschriebenen Liebesbrief, in dem ich der jeweiligen Tochter Komplimente machte, sie bewunderte, wertschätzte und ihr Aussehen lobte. Darauf bezieht sich Helen hier.

Du hast mir ganz praktisch gezeigt, mit Problemen oder Konflikten umzugehen und Gott um Hilfe zu bitten. Du hast uns sehr gut erzogen und meine Kindheit zur schönsten überhaupt gemacht. Besonders schön ist, wie du mit uns umgegangen bist, wenn wir Fehler gemacht haben. Schon allein deine Autorität, wenn du meintest, dass du jetzt mit uns reden musst, hat mich zum Heulen gebracht, weil ich dich traurig gemacht hab, und das wollte ich nicht. Denn ich habe Respekt vor dir gehabt. Dieser Respekt entstand, weil du als Papi auch uns Respekt entgegengebracht hast. Wenn du einen Fehler gemacht hast, hast du dich auch bei uns entschuldigt.

Das war gut, weil du uns damit ganz praktisch als Vorbild gezeigt hast, dass du uns liebst und schätzt. …

Dieser Brief hat mich als Vater natürlich unglaublich berührt. Aber er zeigt unter anderem, wie einfach und doch so prägend manche Dinge sind: dass man nicht nur denkt, meine Tochter ist schön, sondern es ihr auch sagt. Dass man, wenn man mal einen Fehler gemacht hat, sich entschuldigt. Dass man auch mit dem eigenen Versagen gut umgeht. Diese Dinge prägen unser Leben und unsere Kinder so stark. Und auch, wenn ich mit meinen Kindern nicht allzu viel Zeit verbringen konnte, so wussten sie doch immer: Wenn ich da war, war ich es total gerne.

Ich habe es mir zur Gewohnheit gemacht, mit allen Kindern feste Termine zu verabreden und diese genauso knallhart zu verteidigen wie Geschäftstermine. Mit jedem meiner Sprösslinge hatte ich auch feste Rituale – eines davon war das sogenannte Zahnspangenfest.

ZAHNSPANGENFEST

Als Kind war ich angepasst, pflegeleicht und still, eben so ein richtiges Muttersöhnchen. Es gab Dinge, die jagten mir eine riesige Angst ein: Fahrradfahren, der Friseur und das Fotografieren. Vor dem Zahnarzt allerdings hatte ich eine regelrechte Phobie.

Einmal endete ein Zahnarztbesuch mit meiner Mutter in einem kleinen Fiasko. Ich hatte mich hartnäckig geweigert, den Mund aufzumachen. Als der Mediziner nicht lockerließ, biss ich auf sein spitzes Metallinstrument, sprang vom Behandlungsstuhl herunter, packte die flatternden Hosenbeine des Arztes und trat ihm kräftig ans Schienbein. Eine Szene, die – zumindest in meiner Wahrnehmung – völlig im Gegensatz zu meinem sonstigen Verhalten stand.

Der Ärger des Zahnarztes entlud sich lautstark über meiner Mutter. Völlig erschöpft nahm sie sich auf dem Heimweg vor: „Mit diesem Kind werde ich nie wieder zum Zahnarzt gehen, das muss Vater Karl machen!“ Doch der hatte keine Zeit dafür. So musste ich nie wieder zum Zahnarzt.

Die Folge davon ist: Ich kann heute kein schönes Gebiss vorweisen. Maßnahmen wie Zahnspange, Korrekturen, mal einen Zahn ziehen, damit die anderen Platz haben, fielen bei mir aus. Und auch wenn ich mich mit meinen schiefen Zähnen nicht wirklich schick fand: Ein Zahnarztbesuch kam nicht infrage. Zu allem Überfluss hatte ich als 14-Jähriger eine gut sichtbare Kariesstelle am Schneidezahn. Die wurde schließlich nach langen Überredungskünsten meiner Mutter mit dem Gold von Omas altem Ehering kaschiert – den meine Eltern aus dem Schubfach ihres Nachttischs holten und einschmelzen ließen. So konnte ich als Jugendlicher wieder freundlich lächeln. Wobei: Das mit dem Lächeln hatte schon immer gut geklappt, doch unter den schiefen Zähnen litt ich wirklich.

Diesen Makel wollte ich unbedingt bei meinen eigenen Kindern vermeiden helfen. So habe ich früh Rituale eingeführt: jeden Abend gemeinsam Zähneputzen, regelmäßige Vorsorgen bei einer sehr netten Zahnärztin und dass ich mich, wenn eine kieferorthopädische Behandlung notwendig war, voller Energie dafür einsetzte.

Als bei unserer ältesten Tochter Annica eine feste Zahnspange anstand, hatte ich die Idee, ein Zahnspangenfest einzuführen: 100 Tage feste Zahnspange gibt einen Wunschtermin nur mit Papa. Da durfte sie sich dann aussuchen, was sie unternehmen wollte, und wir nahmen uns einen ganzen Tag dafür Zeit – sei es auf einen Erlebnisbauernhof zu fahren oder in den Hansapark oder oder oder. So habe ich es bei allen Kindern gehandhabt. Immer wieder, wenn dann die 13-jährigen Töchter unsicher vor dem Spiegel standen, ihr mit Metallbrackets überglänztes Lächeln anguckten und der schmerzende Kiefer sie quälte, fragte ich sie fröhlich: „Wie viele Tage noch, bis wir es feiern?"

Je nach Kind unternahmen wir ganz unterschiedliche Dinge, um das Zahnspangenfest in vollen Zügen zu feiern. Als unser Sohn Max mit 13 seine feste Spange verpasst bekam, planten wir noch am selben Tag etwas ganz Besonderes: „Nach 100 Tagen leihen wir uns von unserem Kumpel Bernand seine Harley-Davidson und düsen durch die Gegend." Bernand gab uns seine amerikanische Maschine gern, er traute mir zu, dieses schwere Ding zu fahren. Einen Motorradführerschein hatte ich ja glücklicherweise.

Nach Tag 100 also ging es los und wir cruisten mächtig cool und mit aufgeblähten Lederjacken durch Brandenburg – durch herrliche Alleen, vorbei an weiten Feldern, über Bundesstraßen und die Autobahn. Als echtes Männerprogramm schauten wir uns die Stuntshow im Filmpark Babelsberg in Potsdam an – mit viel Feuer, Explosionen und athletischen Kunststücken, bei denen einem fast die Luft wegblieb. Später stoben wir dann über die Avus nach Berlin, um nach einem launigen Tag im guten Steakhouse auf der Edelmeile Kurfürstendamm ein saftiges, großes Stück Fleisch zu verspeisen. Bei leichtem Nieselregen auf der Heimfahrt blieben wir hart und hielten durch – und blickten auf einen glücklichen Tag zurück.

Dieses Zahnspangenfest war wunderschön – dabei war es nicht nur cool, mit der Lederjacke durch die Bundeshauptstadt zu knattern, sondern als Vater und Sohn hatten wir auch Zeit für gute Gespräche – Männergespräche. Das Steakhouse wurde im Lauf der Zeit zu unserem Lieblingsrestaurant, in dem wir auch noch Jahre später tiefe Unterhaltungen von Mann zu Mann führten.

So war das Zahnspangenfest nicht nur eine tolle Motivation, die Zähne zu pflegen und mit der lästigen Zahnspange durchzuhalten, sondern es bot auch mir als Papa eine wunderbare Chance, reiche Stunden mit meinen Kindern zu erleben und nah an ihnen dranzubleiben.

So oft gibt es Dinge im Leben, die man als Mangel oder Defizit empfindet. Und so oft liegen Stärke und Schwäche ganz nah beieinander. Die schiefen Zähne, meine Schwäche, brachte das Zahnspangenfest hervor und verwandelte sich so in Stärke.

GEBURTSTAG IN SACHSENHAUSEN

Die Tage im Hause Plentz waren immer sehr hektisch. Das lag an unserer großen Familie, aber natürlich auch an der vielen Arbeit in der Bäckerei. Und es hatte auch Auswirkungen auf meine Ehe. Wenn man schon einige Jahre verheiratet ist, gibt es genug Punkte, bei denen man schnell mal aneinandergerät, umso mehr, wenn man – wie wir – auch noch Chef und Chefin ist.

Da gab es mit unseren Mitarbeitern immer wieder Momente, in denen sie das Prinzip anwandten: Wenn Papa Nein sagt, dann frag ich eben Mama. Solche Situationen waren für uns nicht leicht. Daher waren Agnes und ich sehr glücklich, wenn wir zwischendurch Zeit nur für uns zwei hatten. Außerdem hatten wir uns entschlossen, immer mal wieder eine kurze Auszeit oder Urlaub zu zweit zu machen.

So erinnere ich mich an den Tag, als wir am Abend auf die Kanaren fliegen wollten. Mit zusammengebissenen Zähnen tätigte ich am Telefon die letzten Bestellungen und gab meinen Mitarbeitern abschließende Anweisungen. Zur Mittagszeit, etwa drei Stunden vor der Abfahrt, klingelte das Telefon. Am anderen Ende der Leitung meldete sich ganz aufgeregt der Schuldirektor unserer Kinder. Oh, wie liebe ich es, wenn er mich nicht mit „Karl-Dietmar“ begrüßt, sondern wie damals, als ich noch sein Schüler war, ‚Kalle‘ nennt. Das konnte nichts Gutes verheißen … „Kalle, wir müssen reden. Du musst sofort in die Schule kommen, das musst du dir anschauen!“ „Wir sitzen hier auf gepackten Koffern, wir wollen direkt in den Urlaub fahren“, gab ich müde zurück. „Du musst jetzt hierher kommen, das muss ich dir unter vier Augen sagen“, beharrte er. Als ich noch einmal dagegenhielt, holte er tief Luft und setzte nicht weniger aufgeregt fort: „Dein Sohn, der Bengel, das kannst du dir nicht vorstellen, der hat an die Torwand der Schule ein Hakenkreuz gemalt! Mensch, wir sind mitten im Wahlkampf, du bist als Gemeinderat aufgestellt, du weißt, was da los ist, wenn das rauskommt, dass der Sohn vom Bäcker Hakenkreuze an die Schule malt! Das müssen wir unter der Decke halten!"

Die „Begeisterung" war mir wohl ins Gesicht geschrieben. Nach kurzer Überlegung entschloss ich mich zu folgendem Plan: Wir packen unsere bereitstehenden Koffer ins Auto und fahren auf dem Weg zum Flughafen Berlin-Tegel noch bei der Schule vorbei. Als wir dort ausstiegen, sah ich schon meinen Sohn Max mit dem Hausmeister an der Torwand stehen, wie er dort mit Lappen und Waschbenzin bewaffnet das kleine Hakenkreuz abschrubbte. Nach einem kurzen Gespräch mit dem Direktor und einem Dankeschön, dass er den Vorfall nicht an die große Glocke hängen würde, packten wir Max ins Auto und nutzten die halbe Stunde Fahrt zum Flughafen dazu, ihn zur Rede zu stellen. „Wie kommt man auf die Idee, Hakenkreuze an die Schule zu malen?" „Weeß ick och nich so richtig. Ick hab 'n paar Dokus jesehen vom Deutschen Reich und hab mir gar nich so viel dabei jedacht, hab das Hakenkreuz da jesehen und das mal da hinjemalt", druckste er herum. Bei dieser doch sehr oberflächlichen und lückenhaften Erklärung von Max wurde mir klar, das müssen wir auswerten.

Nach der Rückkehr waren wir sonntags mit einer befreundeten Familie spazieren. Ich erzählte der Bekannten von der Begebenheit und fragte sie: „Was soll ick denn jetzt damit machen? Max hat ja längst verstanden, dass es nich in Ordnung war." Ihr wunderbarer Rat lautete: „Du musst deinem Sohn zeigen, was es bedeutet, was alles dahintersteht. Der hat das bestimmt nicht verstanden." Diese Antwort fand ich richtig gut. Kurz darauf ging ich zu Max und verkündete ihm: „Ick hab ’ne schlechte Nachricht für dich. Deine Aufgabe ist es, all deinen Freunden zu sagen, dass deine Geburtstagsparty ausfällt. Denn den Tag werd ick mit dir verbringen.“

So kam es dann: Am Nachmittag seines 13. Geburtstags fuhr ich mit Max ins nahe gelegene Sachsenhausen zur KZ-Gedenkstätte. Dort schauten wir uns das Gelände des ehemaligen Konzentrationslagers und die dokumentarischen Filme an – und bekamen einen sehr lebhaften Eindruck der bedrückenden Geschichte und Ereignisse, die hier in unserer Heimat passiert waren. Ich selbst war zuletzt in meiner Kindheit dort gewesen und beide waren wir nach dem Besuch sehr davon betroffen, welches Leid wir als deutsches Volk in der Geschichte anderen Menschen angetan hatten. Den Tag ließen wir dann noch in Max’ Lieblingsrestaurant ausklingen.

Dieser Geburtstag war ein sehr nachdenklicher, aber auch äußerst wirkungsvoller, der Max lang im Gedächtnis bleiben sollte. Ich war froh, in meinen Sohn investiert zu haben. Ohne Vorwurf, verständnisvoll, aber mit Tiefgang. Nicht nur Max, auch mir wurde durch den Besuch in Sachsenhausen ganz neu präsent, wie wichtig es ist, auch heute gegen nationalsozialistisches Gedankengut aufzustehen. Und dass wir rechten Parolen (und Zeichen) keinen Raum geben wollen.

FAMILIENRAT IN MARSEILLE

Fünf Kinder zu haben ist wunderschön. Oft ist das Haus voller Lachen, aber nicht selten kann es auch mal stressig werden oder es gibt Herausforderungen. Als die Kinder noch klein waren, war für die Urlaubszeit immer klar: Wir fahren irgendwohin, wo es vor allen Dingen nicht viel Aufwand bedeutet, fünf Kinder anzuziehen – also an einen Ort, wo es reicht, jedem ruckzuck Hose und T-Shirt überzustreifen. So landeten wir meistens am Meer. Die gemeinsamen Familienurlaube haben wir alle immer sehr genossen.

Mit zunehmendem Alter der Kinder änderte sich die Qualität der Reisen. Als einige von ihnen aufgrund ihrer Studienplätze in ganz Deutschland oder auf der Welt verteilt waren, kam mir die Idee, dass wir einmal im Jahr alle einladen, um irgendwo eine Familienzeit miteinander zu verbringen. So zückten wir bald traditionell an Weihnachten, wenn die ganze Familie zusammenkam, unsere Kalender, trugen die wichtigen Events ein – Abiball, Familienfeiern und so weiter – und suchten nach freien Tagen oder einem Wochenende, an dem wir gemeinsam, mit den Kindern und Schwiegerkindern, einen Städteurlaub verbringen konnten.

Das sollte sich über die Jahre zu einem tollen Element entwickeln. Wir als Eltern hatten jeweils reizvolle Köder ausgeworfen: London, Budapest, Paris, Barcelona und andere interessante Städte. Wo noch dazu Papa und Mama für alle einen ausgaben, war es für jeden leicht zuzusagen. Ich bemühte mich immer, das Programm so abzustimmen, dass es auch für die heranwachsenden Kinder spannend war – mit genügend Kultur, aber auch Abenteuern, wie in die nächtliche Cocktailbar hineingeschmuggelt zu werden, um – obwohl altersmäßig eigentlich noch nicht zugelassen – mal einen Abend mit den Großen zu feiern.

Mir war wichtig, dass die Zeit, die wir zusammen verbrachten, nicht oberflächlich war. So richtete ich bewusst Momente ein, an denen wir Familienrat halten konnten. Schließlich saßen wir jeden Vormittag – nachdem wir gefrühstückt und die Ereignisse des vergangenen Tages veratmet hatten – zu einer gemeinsamen Andacht beisammen und hielten Rat über die Themen, die uns bewegten. Sehr beliebt war bei allen, wenn wir eine Wertschätzungsrunde hielten und wir einem nach dem anderen sagten: „Das finden wir toll an dir, das kannst du gut." Mit großer Freude habe ich gesehen, wie sich die Familienmitglieder darin gesonnt haben, von anderen, die sie gut kannten, Anerkennung zu erhalten.

In jenem Jahr waren wir nach Marseille gefahren, hatten eine wunderbare Unterkunft mit Balkon und traumhaftem Blick über den Hafen dieser französischen Stadt. Es war herrlich.

Schon in den Wochen zuvor hatte ich viel über die Zukunft nachgedacht – es war das Jahr, in dem ich immer mehr in die Erschöpfung und meinen Burn-out hineinschlitterte. Da war mir klar, dass sich etwas ändern musste. So stellte ich an einem Vormittag in Marseille allen Familienmitgliedern drei Fragen über die Zukunft: Was ist dein Ziel in diesem Jahr? Was ist dein Ziel in fünf Jahren? Was ist dein Lebensziel? Ich forderte alle zu einem Statement heraus. Auch da es so wertvoll ist, dass wir im Rahmen der Familie, wo wir uns alle so gut kennen, einander raten und die Chance nutzen können, füreinander zu beten.

Herzerfrischend begann Luisa, damals fünfzehn, die als Jüngste das erste Rederecht hatte, und haute ihre Ziele regelrecht auf den Tisch. Auf dem Programm standen: nicht so glorreiche Schulnoten zu verbessern und eine entsprechende Anzahl von Kilos für die Bikinifigur zu verlieren. Dann fügte sie hinzu: „Für die nächsten fünf Jahre oder für mein Leben kann ich das noch nicht sagen, weiß ich noch nicht." Diese Grundehrlichkeit, die meine Frau auf einer Kalenderrückseite als behelfsmäßiges Flipchart mitnotiert hatte, war der Türöffner dafür, dass alle ehrlich von sich erzählten, wo sie stehen, wie es ihnen geht, worin ihre Grundunsicherheiten liegen, was sie sich wünschen. Manchmal haben wir zusammen gelacht, manchmal gut verstanden, was der andere meint, oder uns in den Armen gelegen, um uns zu trösten.

Als Ältester war ich am Ende dran und begann: „Ick find es insjesamt sehr wichtig, sich im Leben Ziele zu setzen, denn sonst kann man sie schlecht erreichen. Mich interessiert es ehrlich, welche Ziele jeder Einzelne von euch hat. Aber ick hab diese Diskussionen auch ein bisschen strategisch angestrebt. Weil ick merke, dass jetzt, wo meine Kräfte schwinden, meine Ziele anzupassen sind."

Ehrlich sprach ich die Frage an, die mich beschäftigte: wie es mit der Bäckerei und der Entwicklung des Unternehmens weitergehen wird. Dann stellte ich in den Raum, welche Rolle sich jeder Einzelne darin vorstellen könnte. Sehr ehrlich präsentierte ich die betriebswirtschaftlichen Zahlen, die zu dem Zeitpunkt äußerst gut waren, um die Chancen für diesen Weg aufzuzeigen. Alle waren sichtlich geehrt, so offiziell mit in die Überlegungen über die Zukunft der Bäckerei einbezogen zu werden. Agnes und ich sagten, wir könnten uns gut vorstellen, eines oder mehrere unserer Kinder oder auch Schwiegerkinder in die Verantwortung des Unternehmens hineinzunehmen. Uns war aber auch wichtig, niemanden zu zwingen, wenn für alle andere Wege bereitlägen. Dann würden wir nach anderen Lösungen Ausschau halten, was dann aber auch Auswirkungen auf unser Handeln hätte.

Hinterher hatten wir alle das Gefühl, dass das ganz starke und wichtige Stunden waren, die wir hier in Marseille miteinander erlebt hatten. Dann brachen wir auf in die herrliche Hafenstadt, genossen das leckere französische Essen und verbrachten noch ein paar wunderschöne gemeinsame Tage.

Meine Frau und ich waren ausgesprochen überrascht, als nach einigen Wochen die ersten Rückmeldungen kamen – insbesondere die von unserem ältesten Schwiegersohn. An ihn hatten wir für uns schon einen großen Haken gemacht, da er Chirurg werden und im Krankenhaus arbeiten wollte. In seinem Medizinstudium war er schon recht weit fortgeschritten. Doch er sagte: „Dietmar, wenn das Angebot noch steht – wir könnten uns nach reiflicher Überlegung vorstellen, dass es einen ‚neuen Plan A' in unserem Leben gibt." Noch einmal beschrieb er die Herausforderungen des Studiums und der Arbeit in der Klinik, wovon wir schon durch unsere Austauschrunde in Marseille wussten.

Doch tatsächlich hatten sich in den Wochen nach unserem Marseille-Urlaub zwei Kinder und Schwiegerkinder gemeldet, dass sie prüfen wollten und es sich vorstellen könnten, in Zukunft einzusteigen oder auch dauerhaft Teil des Unternehmens zu werden. Umso dankbarer war ich, dass wir in Marseille beim Familienrat in so einer guten und ehrlichen Offenheit von unserer Zukunft gesprochen hatten. Gerade in einer Zeit, in der ich selbst an meine Grenzen stieß, war Unterstützung da.

Jetzt freue ich mich, dass nach dieser Phase eine Zeit der Umsetzung kommt, in der wir die Kinder ausbilden für die zukünftigen Aufgaben. Ich bin unglaublich gespannt, wie sich die Dinge weiterentwickeln werden.

Ein Teil der Umsetzung in der ersten Zeit war, dass wir gemeinsam mit den Kindern Seminare besuchten, wie man am besten ein Unternehmen in die nächste Generation überführt. Der Seminarleiter stellte hierzu einen Fünf-Punkte-Plan vor. Direkt nach dem ersten Punkt gab es zwischen mir und meiner Frau ein freudiges High five. Denn Punkt eins lautete: Bekommen Sie rechtzeitig genügend Kinder …

SPÄTE LIEBESERKLÄRUNG

Ich bin an einem 26. Dezember geboren worden. Das ist kein tolles Geburtstagsdatum für ein Kind. Jedes Jahr fiel mein Wiegenfest mit dem zweiten Weihnachtsfeiertag zusammen. Abgesehen davon, dass Heiligabend mit seinen Geschenken gerade erst hinter uns lag, war das natürlich auch kein geeigneter Termin, um mal meine Freunde zu einer Party einzuladen – sie alle feierten ja mit ihren Familien.

So musste ich an meinem Geburtstag zwar immer auf meine Freunde verzichten, dafür entwickelte er sich mehr und mehr zu einem Tag, an dem die ganze Familie zusammenkam. Das waren immer tolle, gesellige Feiern und meine Eltern gaben sich alle Mühe – dennoch war es ein prägendes und einschränkendes Erlebnis meiner Kindheit, an einem Feiertag geboren zu sein. In späteren Jahren feierten wir am 26. Dezember immer ein großes Familienfest, an dem wir uns mit der ganzen Sippe trafen – nicht selten 50 bis 70 Leute. Aber immer habe ich es vermisst, Partys mit meinen Freunden zu feiern.

Viele Jahre später kam mir eine ganz neue Idee: Um endlich mal die Gelegenheit zu haben, alle Freunde und Bekannten einzuladen, könnten wir ja unsere Silberhochzeit zu einem großen Event machen! Das war ein toller Grund für eine Feier und Termin und Ort würden wir uns in aller Freiheit aussuchen können. Gesagt, getan! Unsere Wahl fiel auf die Orangerie im Schlosspark Oranienburg, eine wunderbare Partylocation für solch einen festlichen Anlass.

An einem lauen Aprilabend war es dann so weit: Alle Freunde waren gekommen, um unser Ehejubiläum mit uns zu feiern. Es gab ein unglaublich leckeres Essen – nach den Wünschen meiner Frau und meinem eigenen Geschmack zusammengestellt –, selbstverständlich ein leckeres Kuchenbüfett und einen guten Tropfen an der Bar, begleitet von beschwingter Livemusik. Als Programmpunkt für den Abend hatte ich einen Freund gebeten, eine kleine Festansprache zu halten. Das war auch eine geeignete Möglichkeit, unseren Gästen etwas von unseren Werten und unserem Glauben zu erzählen.

Mein heimlicher Höhepunkt sollte werden, dass ich meiner Frau noch einmal einen Ring anstecken würde, wie man das an einer Hochzeit tut. Schon im Vorfeld war es unglaublich aufregend zu überlegen: „Wat ziehn wir an?" Schließlich fand Agnes, die silberne Braut, ein tolles Outfit, in dem sie sich sicher fühlte und einfach wunderschön aussah. Nun fehlte noch der Schmuck – und eine Silberhochzeit ist ein hervorragender Anlass, sich noch einmal was Tolles anzuschaffen. So hatten wir verschiedene Termine in mehreren Juwelierläden der Bundeshauptstadt und wurden auch kurz vor dem Termin fündig: Agnes entschied sich für eine Perlenkette und einen Anhänger. Ohne dass sie es wusste, fuhr ich ein paar Tage später noch einmal zu diesem Schmuckladen und besorgte einen passenden Perlenring in ihrer Größe.

Beim großen Event dann war wunderbare Oranienburger Schlossmusik geboten mit toller Klassik, emotionalen Melodien und mitreißenden, fröhlichen Lobpreisliedern, die die Musiker extra für uns eingeübt hatten. Jetzt sollte mein Moment kommen. Für die Liebeserklärung, die ich meiner Frau machen wollte, hatte ich extra einen Spickzettel in meiner Westentasche verstaut. Denn was schon unter vier Augen ganz schön aufregend sein kann, das ruft dann unter den Augen der vielen Kumpels, Bekannten, Familienmitglieder und Geschäftspartner doch etwas Herzklopfen hervor. Bis kurz vor unserem Auftritt übte ich noch hinter der Bühne einen Kniefall – den ich zugegebenermaßen in meinem Leben noch nicht so oft angewendet hatte. Dann beriet ich mich mit unserem eloquenten Moderator, der durch den Abend führte, ob so ein Kniefall das bevorstehende Ereignis wohl bereichern würde. Schließlich taten wir diesen romantischen Akt dann doch als zu albern und unangemessen ab.

Ich trat also auf die Bühne und bat meine Frau zu mir nach oben. Da stand sie strahlend mit ihrem tollen Perlenschmuck vor mir und ich in meinem schicken Smoking machte ihr eine Liebeserklärung:

„Meine liebste Agnes, als ich dir vor 25 Jahren mein Ja-wort gegeben habe, war ich sehr in dich verliebt. Heute ist das anders." (Natürlich ließ ich hier eine Lachpause.) „Aus dem Verliebtsein ist die Liebe meines Lebens geworden. Was war dafür ausschlaggebend? Du hast mir fünf Kinder geschenkt", erklärte ich – und schob dann charmant hinterher: „... und siehst dabei so blendend aus. Ich liebe die Eigenschaft an dir, dass du so fleißig bist und eine unermüdliche Freude an deiner Arbeit hast. Du bist wunderschön!"

Hier erhob sich ein raunender Zwischenapplaus und ich freute mich sehr, ein Schmunzeln in den Gesichtern meiner Skatbrüder oder bei dem ein oder anderen knallharten Geschäftsfreund zu sehen. Agnes stand mir gegenüber und strahlte mich an, sichtlich gerührt.

Dann fuhr ich fort: „Gern träume ich mit dir von der Zukunft und genieße die Freiheit, die du mir gibst. Und für mich ist es von großer Bedeutung, dass du an grauen Tagen an meiner Seite bist – wenn ich zum Beispiel am Tag nach einem Großereignis total erschöpft, unrasiert und im schlabberigen T-Shirt einfach bei dir sein kann. Dann bist du da und ich weiß, dass ich geliebt bin, ohne dass ich weiter irgendetwas leisten muss.

Das Entscheidendste unserer Liebe sind aber die großen Momente, an denen wir uns wieder versöhnt haben, nachdem etwas vorgefallen war. Dass wir das gemeinsam von unserem Gott, von Jesus Christus lernen konnten, uns zu vergeben und zu vergessen – das ist echt stark. Agnes, du bist meine Perle."

Im Verlauf meiner Liebeserklärung war Agnes immer bewegter geworden, ihre Augen glänzten, immer wieder holte sie tief Luft. Als ich meiner Frau meine Liebe hier vor allen nach 25 Jahren Ehe noch einmal bezeugte, füllten sich ihre Augen mit Glück, aber auch mit Tränen, bei der Erinnerung an die schweren Momente, wo es viel gekostet hatte, dass wir uns versöhnten. Zum Abschluss zog ich den heimlich gekauften Perlenring aus meiner Tasche und steckte ihn ihr an den Finger. Zutiefst gerührt fiel Agnes mir um den Hals und verdrückte sich eine Träne. Dann gaben wir uns einen Kuss – so wie bei unserer Hochzeit, als der Pastor die befreienden Worte sagte: „Du kannst deine Braut jetzt küssen."

Unsere Gäste spendeten warmen Applaus, freuten sich mit uns, Paare blickten sich verliebt in die Augen und nahmen sich in den Arm. Von meinen eher raueren Kumpels gab es „Daumen hoch" als Zustimmung.

Unbestritten war dies der emotionale und romantische Höhepunkt unserer Feier zur silbernen Hochzeit, an dem wir unsere Liebe noch einmal öffentlich bekannten und feierten. Wie schön und wichtig, sich immer wieder in Worten oder Gesten zu sagen, was man einander bedeutet. Im Alltag oder auch zu solchen besonderen Anlässen.

WENN DIE ELTERN ÄLTER WERDEN

Nicht nur wir selbst und unsere Liebe wird reifer – irgendwann beginnt auch die Phase, wenn die Eltern älter werden. Manchmal schleichend, manchmal läutet ein Ereignis urplötzlich diesen Abschnitt ein. Eben noch – es war das Jahr 2006 – hatten wir den 80. Geburtstag meiner Mutter mit Glanz und Gloria gefeiert. Zu diesem Anlass hatte ich mich richtig ins Zeug gelegt!

Natürlich gab es einen gewissen Anspruch an dieses runde Jubiläum, dem ich unbedingt gerecht werden wollte. Als Organisator sorgte ich nicht nur dafür, dass wir in der hübschen Kulisse eines historischen Hotels im Nachbarort feiern konnten, ein tolles Essen die Gäste verwöhnte und eine Live-Band so richtig Stimmung machte. Wir hatten die ganze, auch entfernte Verwandtschaft eingeladen – aus Westdeutschland und England –, ich führte als Zeremonienmeister durchs Programm mit den zahlreichen wertschätzenden Festansprachen und fädelte als Sahnehäubchen für die vielen Kinder bei Einbruch der Dunkelheit einen Fackelumzug mit Trompetenbegleitung durch den Ort ein.

Ja, es war ein rauschendes Fest voller Dankbarkeit und Ausgelassenheit. Irgendwann während des Abends, als meine Mutter und ich so richtig in Schale geworfen nebeneinanderstanden, nahm sie meine Hand, drückte sie und lächelte mich strahlend von unten an. (Wie gesagt, ich bin ziemlich groß ...) Dieser Moment machte mich unglaublich glücklich. Dass es ein tolles Fest werden würde, war mir natürlich ein Herzensanliegen, aber noch viel mehr, dass ich meiner Mutter damit eine Freude machen würde. Und das war gelungen.

In der Woche danach fiel von uns allen die Anspannung der

wochenlangen Vorbereitungen für das Fest ab. Und wie aus heiterem Himmel erlitt Mutter einen heftigen Schlaganfall. Zum Glück, als sie gerade mit meinem Vater im Wartezimmer des Augenarztes saß, so erfuhr sie sehr schnell Hilfe. Sofort wurde sie ins Krankenhaus gebracht.

Wir alle spürten, dass nun blitzartig, von einem Moment auf den anderen, alles anders werden würde. Mutter war die zentrale Person unserer Großfamilie – sie kochte für uns, hatte für jeden ein offenes Ohr und eine helfende Hand. Ab jetzt würde nichts mehr so sein, wie es gewesen war. Selbst wenn Mutter wieder aus dem Krankenhaus nach Hause kommen würde – der Schlaganfall würde seine Spuren hinterlassen, möglicherweise würde Mutter zum Pflegefall werden. So oder so – es war einschneidend.

Dann fuhren mein Vater, mein Sohn Max, der damals zehn Jahre alt war, und ich ins Krankenhaus nach Hennigsdorf, um sie zu besuchen. Als wir die Zimmertür öffneten, mussten wir uns beherrschen, dass wir nicht die Fassung verloren – dort blickten wir nicht unserer lieben Mutter, Ehefrau und Oma ins Gesicht, sondern dem Elend: Ihrem so warmen, schönen Gesicht waren die Züge entglitten, sie lag da zwischen Bergen von Kissen, hilflos und völlig regungslos. Auch die Sprache hatte sie verloren.

Unwillkürlich schoss mir das Bild der Geburtstagsfeier durch den Kopf, erst eine Woche zuvor, als sie noch eine ganz andere gewesen war – voller Leben und Fröhlichkeit. Eine lähmende Atmosphäre legte sich um mich, mein Mund wurde völlig trocken, meine Kehle war wie zugeschnürt. So etwas wie eine tiefe Ohnmacht umhüllte mich und eine grenzenlose Enttäuschung. War das meine Mutter?

Dann tat mein Vater etwas völlig Unerwartetes. Er, der früher bekannt dafür gewesen war, dass er forsch voranschritt und eher in Zielstrebigkeit als in Güte glänzte. Wie sehr Gott ihn doch verändert hatte! Papa also packt die Handtasche aus und holt den guten Bäckerkuchen hervor. Als sei es das Normalste der Welt, sagt er zu seinem Enkel: „Max, geh doch mal Kaffee holen aus der Cafeteria!“ In aller Ruhe schneidet er den Kuchen auf dem kleinen Krankenhaustischchen auf und sagt liebevoll zu seiner Frau: „Ester, du kannst heute zwar nicht so richtig mitmachen, aber wir machen jetzt ein schönes Kaffeetrinken mit dir.“

Während Max noch unterwegs zur Cafeteria ist, kramt er weiter und zieht einen Kajal aus seiner Tasche. Unbeirrt von ihrem Anblick geht er zu seiner Frau, setzt den Kajal an ihre Augenbrauen und zieht die Linien nach: „Ester, meine Liebe, was siehst du heute wieder gut aus!“ Aufrichtig und fröhlich!

Fassungslos und den Tränen nah saß ich daneben. So liebten sich die beiden, bis ins hohe Alter! Mein Vater war in der Lage, in dieser schwierigen Situation seiner Frau in scheinbarer Natürlichkeit das zu geben, was sie brauchte, ihr Liebe zu zeigen, sie in ihrer Schönheit zu sehen. In dieser beklemmenden Situation ein Kompliment hervorzuzaubern. Auch organisierte er ein unbeschwertes Kaffeetrinken um Mutters Krankenhausbett herum, als Max von der Cafeteria zurückkam. Selbst wenn Mutter daran nicht aktiv teilnehmen konnte, so war sie doch wertgeschätzter Teil und sogar Zentrum davon.

Mutters Zustand war so schlecht, dass wir in diesen Tagen alle dachten, es geht zu Ende mit ihr. Doch zu unser aller Überraschung erholte sie sich. Zwar blieb sie bettlägerig, doch war sie wieder in der Lage, zumindest ihre rechte Hand zu bewegen. Auch die Stimme und die Sprache kamen wieder. Im Vergleich zu unserer vitalen Mutter, Frau und Oma vorher allerdings, war sie nun ein voller Pflegefall. Immer wieder schlich sich die Frage in meinen Kopf, ob so ein Elend wirklich besser war, als nach einem erfüllten Leben zu sterben.

Wie es bei uns bei schwierigen Entscheidungen so üblich ist, kam der Familienrat zusammen. Würden wir in der Lage sein, Mutter zu Hause zu pflegen? Schon Jahre zuvor hatten wir das Erdgeschoss barrierefrei bauen lassen. Meine Schwester Marianne entschied schließlich, ihren Beruf aufzugeben, um erst mal für die Pflege unserer Mutter da zu sein. So konnte sie weiterhin in ihrem vertrauten Heim, umgeben von Mann, Kindern und fünf Enkeln leben. Wir zogen alle möglichen Register der Pflege und erhielten so auch ein verstellbares Pflegebett für sie.

Diese Entscheidung, Mutter zu uns zu nehmen, sollte eine starke Zeit des Segens nach sich ziehen. In den Jahren, in denen die gebrechliche Frau noch mit uns lebte, war sie sehr eingeschränkt. Doch die beiden Funktionen, die ihr geblieben waren, schöpfte sie voll aus: Morgens, wenn ich schon einige Stunden in der Backstube geschwitzt hatte, nahm Mutter mit der rechten, noch beweglichen Hand das Handtelefon von ihrem Nachttisch, legte es vor sich auf die Bettdecke, tippte die Nummer des Büros ein und hielt es sich ans rechte Ohr. Wenn ich abnahm, hörte ich ihre fröhliche Stimme am anderen Ende der Leitung: „Guten Morgen, Dietmar! Wofür kann ich heute beten?“ Meine treue Mutter! Ein kurzer Austausch – und beim Auflegen durchflutete mich tiefe Dankbarkeit darüber, dass hier jemand geistlich „die Stellung hielt“, bei all dem, was heute an Arbeit und Herausforderungen zu bewältigen war.

Die zweite Funktion – ihre wiedergekehrte Stimme und Sprache – kam sämtlichen Enkeln zugute, die allesamt bei Oma ins Bett gekuschelt lesen lernten. Und natürlich dort auch die eine oder andere Kindersorge mit ihr teilten oder fröhlich glucksend Erfolge feierten. Eine unserer Töchter, die im Teenageralter eher unnahbar war, beichtete so manche Dinge lieber Oma als ihren Eltern. Die Größeren lernten auch bald, Oma für die Nacht fertig zu machen.

Natürlich war nicht alles eitel Sonnenschein. Die knapp drei Jahre der Pflege waren auch geprägt von herausfordernden Zeiten. Meine Schwester Marianne und mein Vater waren nach einigen Monaten ganz schön k.o. – keine Sekunde konnten sie Mutter allein lassen. Und wo meine Mutter mir gegenüber immer ausgesprochen handzahm war, bekam Marianne durchaus auch ihre unleidlichen Stimmungen zu spüren. Für die angewiesene Mutter war es nicht einfach, dass nun die Tochter alles bestimmte. Auch wenn ihr etwas wehtat, warf sie Marianne vor, dass sie grob mit ihr sei beim Lagern, Aufsetzen etc. Die ständigen Schmerzen machten meiner Mutter verständlicherweise zu schaffen und oft war die Tochter, die sie so hingebungsvoll umsorgte, ein Ventil für diesen Frust. Dazu kam, dass das Krankheitsbild depressive Phasen mit sich bringt und nicht zuletzt Mutter auch an manchen Tagen Aussetzer hatte und ihre Situation nicht einordnen konnte. Dann verlangte sie nach ihren Hausschuhen, weil sie zum Frühstück in die Küche kommen wollte.

Doch was uns allen guttat, war, dass Mutter tagsüber oft Besuch hatte. Voller Staunen stellte ich fest, dass meine Eltern auch im hohen Alter nie einsam waren. Im Gegenteil – ihr Zimmer sollte zu einem Treffpunkt für viele werden. Unzählige Menschen hatten sie in ihrem Leben begleitet, so vielen hatten sie geholfen, waren für sie da, standen als geschätzte Ratgeber zur Seite. In unserer Familie hatte ich früher auch immer „Geschwister", andere Kinder, die bei uns zeitweise mitlebten, auch wenn es keine leiblichen Kinder waren. Meine Eltern hatten immer ein offenes Haus, sie haben viel gesät und in Menschen investiert. Das durften sie jetzt spüren. Oft kamen Leute ans Bett meiner kranken, pflegebedürftigen Mutter. Sie wollten sie trösten, nun für sie da sein. Doch am Ende stellten sie fest, dass sie als Getröstete das Haus verließen.

Beschämt erkannte ich, dass meine Gedanken zu „Sterben nach einem erfüllten Leben“ auf einer falschen Grundlage fußten. Denn hier sah ich es mit eigenen Augen: Glück oder Segen sind nicht zwingend gebunden an Gesundheit, sondern auch Zeiten mit Einschränkungen können großen Segen mit sich bringen.

Dann kam Weihnachten 2009. Viele aus unserer Großfamilie waren über die Feiertage in der brandenburgischen Heimat zu Besuch. Zusammen mit Mutter konnten wir noch Weihnachtslieder singen und die Feiertage genießen. Doch ihre Kraft nahm merklich ab. Weil wir wussten, diesmal geht es wirklich zu Ende, verabschiedeten sich alle von ihr, die wieder fahren mussten.

Als dann der Silvestermorgen da war, duftete das ganze Haus von der Backstube nach Berliner Pfannkuchen. Wir als Familie kamen morgens zu ihr, um zu sehen, wie sie die Nacht überstanden hatte. Als wir sie etwas eingesunken und apathisch im Bett liegen sahen, legte sich eine drückende Sprachlosigkeit über uns, im Angesicht des Todes wussten wir einfach nicht, was wir sagen könnten. Auch meine Mutter sprach in dieser Phase kaum mehr. Schließlich nahm ich, um das gequälte Schweigen zu brechen, das Liederbuch und schlug das bekannte Lied von Dietrich Bonhoeffer auf: „Von guten Mächten wunderbar geborgen“. Behäbig und langsam las ich es vor, meine Stimme bebte und bei jeder Zeile war ich kurz davor, in Tränen auszubrechen. Als ich zu der Passage kam: „Gott ist mit uns am Abend und am Morgen …“, fiel mir auf einmal meine Mutter ins Wort und ergänzte leise, aber bestimmt: „… und ganz gewiss an jedem neuen Tag.“

Das waren ihre letzten Worte. Einen neuen Tag durfte sie noch erleben, bis sie in der Nacht darauf für immer einschlief, während meine Schwester Andrea bei ihr wachte.

Der Verlust meiner Mutter war für alle schwer – ganz besonders aber litt mein Vater. Natürlich zeigte er das nicht öffentlich. Im Kern war er kein sentimentaler Mensch, sondern eher ein Pragmatiker. Ohne mit der Wimper zu zucken, ging er ans Entrümpeln von Mutters Sachen. Doch ich weiß, er hat sie unglaublich vermisst in den Zeiten, in denen er allein war. Wenn er etwas in Worte fasste, dann den Ärger darüber, dass er nun seine persönlichen Andachten allein machen musste. Wie sehr hatte es ihm geholfen, mit seiner Frau gemeinsam in der Bibel zu lesen und zu beten. Nun litt die Disziplin und das betrübte ihn.

Was Vater eine Stütze war und ihn weiter im Leben hielt, war unter anderem, dass er bestimmte Aufgaben weiter verfolgte. Er hatte eine unglaubliche Liste, auf der circa 150 bis 180 Personen standen. Jedem davon stattete er monatlich einen Besuch ab! Auf sage und schreibe sechs oder mehr Personen brachte er es am Tag: Käffchen, kurzes Gespräch, ein christliches Monatsblatt und je nach Situation ein gemeinsames Gebet.

Dazu muss man sagen, dass mein alter Vater durch seine harte Arbeit als Bäcker starke körperliche Einschränkungen hatte. Besonders heftig litt seine Beweglichkeit und oft bückte er sich mit schmerzverzerrtem Gesicht (das er nur zuließ, wenn er glaubte, er sei unbeobachtet), um sich die Schuhe zuzubinden. Dann warf er sich eine Schmerztablette ein, stieg in sein Auto und brauste los, um die Leute zu besuchen, die ihm so wichtig waren. Nach einigen Jahren ging das nicht mehr gut – Papa, Mitte 80, – wurde von der Polizei wegen auffälligen Fahrens angehalten: Er war zu langsam gefahren!

Einige Tage später stattete mir ein sehr einfühlsamer Revierpolizist einen Besuch ab und fragte diplomatisch: „Herr Plentz, haben Sie mal darüber nachgedacht, dass es vielleicht besser wäre, wenn Ihr Vater nicht mehr fährt?“ Mein Vater zeigte schließlich Einsehen. Aber er wäre nicht mein Vater, wenn er sich dadurch seinen Besuchsdienst hätte nehmen lassen. O nein! Papa organisierte sich Fahrer – er zog sich die unterschiedlichen Enkel, die schon einen Führerschein hatten, heran, die mit ihm seine Touren abfuhren. Noch heute erzählt mein Sohn Max, wie prägend diese Besuchszeiten mit Opa waren.

Die Erinnerungen an meine alternden, gebrechlichen Eltern lösen eine unglaubliche Dankbarkeit bei mir aus. Der letzte Satz meiner Mutter überstrahlt die leidvollen Jahre ihrer Bettlägerigkeit, denn es war eine wirklich gesegnete Zeit. Im Rückblick stelle ich beschämt fest, dass es den Gegensatz Elend oder Sterben nach einem erfüllten Leben so nicht gibt. Im Gegenteil, Gesundheit ist nicht das Wichtigste, sondern unsere Beziehungen untereinander und zu Gott sind entscheidend.

Mein Vater wiederum ist das lebendige Beispiel dafür, was passiert, wenn sich ein Mensch ganz Gott aussetzt – denn dann geschieht Veränderung. Früher hatte er ein Wesen, das für andere eher anstrengend war. In späteren Jahren war er ein Vorbild an Dankbarkeit, Güte, Großzügigkeit und Gelassenheit. Auch die Liebe, die er und meine Mutter lebendig hielten, hat mich tief beeindruckt.

3

Mehr als eine Investition

UNTERNEHMER MIT HERZ

Velten (Mark)
des Brotes

PRIORITÄTENFILTER

Neben der unglaublich wichtigen Aufgabe und Berufung, Vater und Ehemann zu sein, ist mein anderer Job, Inhaber der Bäckerei Plentz zu sein. Auch Unternehmer bin ich mit Herz und Seele. Unsere Bäckerei strategisch zu entwickeln, ist dabei ungemein wichtig. Um hier planvoll vorzugehen, haben Agnes und ich uns mit anderen Bäckern vernetzt und sind Mitglied im ERFA-Kreis (kurz für „Erfahrungsaustausch") in Brandenburg geworden. Hier treffen sich regelmäßig Kollegen, die auch Betriebe führen, vorrangig aus Berlin und Brandenburg, in einer sehr offenen und vertrauten Runde. Wir tauschen uns aus und lernen voneinander, besuchen uns gegenseitig in den Bäckereien, machen Testeinkäufe, geben wohlwollendes, auch kritisches Feedback und gute Tipps oder besprechen auch mal, wie sich eine bestimmte Maschine bewährt hat. Schnell merkt man dabei, dass die anderen ähnliche Probleme haben, zum Beispiel mit Mitarbeitern, Datenschutzgrundverordnungen, Software ...

Die Offenheit, die in diesem Kreis herrscht, setzt absolutes Vertrauen voraus. Daher hat auch jeder Bäcker ein Vetorecht bei potenziellen Neumitgliedern. Ziel ist auch, dass es keine Überschneidungen im Vertriebsgebiet gibt, also keine direkte Konkurrenz.

Agnes und ich schätzen es sehr, dass wir durch diesen Kreis regelmäßig einmal im Herbst und einmal im Frühling eine bewusste Auszeit haben, bei der wir eine der Bäckereien besuchen, gute Impulse von den anderen erhalten und neben Besichtigungen und Benchmarking auch immer ein Seminar angeboten wird. Diese Auszeiten nutzen wir jeweils als Gelegenheit, um unsere betriebswirtschaftlichen Zahlen auszuwerten und unseren Einkauf mit den Einnahmen und unsere aktuellen Ideen abzugleichen.

Für eines dieser Treffen hatten wir im Vorfeld die Aufgabe erhalten, ein Leitbild für unser Unternehmen zu erstellen und dann vor den anderen Kollegen zu beschreiben: Was ist uns wichtig als Bäckerei? Wer wollen wir sein? Wie wollen wir leben? Meine Frau und ich haben diese Aufgabe sehr ernst genommen und uns eingehend Gedanken darüber gemacht. Schon bald merkten wir, dass die Antworten nicht bei unserem Beruf aufhören, sondern die Frage, wie wir leben wollen, weit darüber hinausgeht und in unseren persönlichen Bereich hineinragt.

Gut vorbereitet gingen wir also in die Runde und hatten sogar eine kleine PowerPoint-Präsentation vorbereitet, um unser Leitbild vorzustellen. Ich begann mit Punkt vier unserer Prioritätenliste: unsere Arbeit. Bei allen Beteiligten rief das großes Erstaunen hervor, wie es denn sein könne, dass die Arbeit erst an vierter Stelle steht! Insbesondere, da sie wussten, dass wir viele Dinge äußerst engagiert betreiben: im Marketing, mit besonderen Produkten, im Umgang mit unseren Mitarbeitern, unserer Leidenschaft, Tradition zu bewahren und gleichzeitig neue Ideen einzubringen.

Doch was würde dann auf den Plätzen eins bis drei stehen? Bevor ich hierauf zu sprechen kam, erklärte ich erst mal unsere Priorität fünf: das Ehrenamt. Also all die Bereiche, in die wir uns einbringen – Vereine, Verbände, soziale und christliche Aktivitäten wie christliche Sommerlager und Camps, die wir in der damaligen Zeit leiteten.

Auf Platz sechs der Prioritätenliste stellte ich unsere Freizeit vor: Wie wichtig es allgemein ist, dass man auch Freizeit bewusst mit einplant, Momente im Alltag hat, auf die man sich freuen kann. Über den Beamer zeigte ich ein launiges Bild mit meinen Freunden, wie wir mit einem gekühlten Getränk in der Hand an einem Sommerabend zusammensitzen. Ich erzählte, dass ich gerne auf Trödelmärkte gehe und mit dem Cabrio fahre, doch auch, wie wichtig mir Freundschaften und der Austausch mit diesen vertrauten Menschen ist: Wer hat denn sonst das Recht, in mein Leben – als Chef – zu sprechen, wenn ich mal schiefliege oder Meinungen habe, die nicht so richtig in die Welt passen?

Unter uns Freunden kritisieren wir uns unverblümt und klar, aber freundlich und unterstützend. Im Spaß nenne ich diese Truppe meinen „Aufsichtsrat für Arme". Ein Beispiel aus diesem Aufsichtsrat: Einer der Freunde steht im Spannungsfeld mit seiner Frau. Dann kann er von uns schon auch mal gespiegelt bekommen: „Du, janz ehrlich, dit is ja och keen Wunder, wenn de dich so verhältst." Dafür ist so ein geschützter und vertrauter Rahmen zwingend notwendig. Aus diesen Freundschaften sind im Laufe der Jahre sehr vertraute Beziehungen entstanden, die es ermöglichten, dass wir uns gegenseitig tief ins Herz haben blicken lassen. Wir besprachen auch intime Themen wie Jähzorn, Beziehungsprobleme oder auch Pornografie miteinander – da gaben wir uns ehrlich Rechenschaft und versuchten, uns gegenseitig zu stärken.

Zurück zu der Prioritätenliste. Als Nummer drei nannte ich die Familie. Mit großer Freude konnte ich davon berichten, wie wir zu dem Zeitpunkt noch als Großfamilie zusammenlebten – wie meine Eltern ihren Ruhestand genossen, welche Priorität unsere Kinder haben und dass sie ihre festen Termine bei uns bekommen. Auch wenn wir nicht täglich Zeit für jedes einzelne Kind haben, ist es bei strategischen Entscheidungen für uns immer wichtiger zu fragen, welche Auswirkungen sie auf unsere

Familie haben, als nur darauf zu schauen, was wirtschaftlich dabei herauskommt.

„Was bleibt dann übrig für die Zwei?“, fragte ich rhetorisch in die Runde. Dann erzählte ich, dass mir die Beziehung zu meiner Frau noch wichtiger ist als meine Familie und die Arbeit und all die anderen Dinge. Wir ringen darum, Zeit miteinander zu verbringen, schöne Momente zu zweit zu haben. Wir ergänzen uns wunderbar und haben vor allem oft festgestellt, dass die Momente, in denen wir uns versöhnt haben, die wertvollsten waren. Und wir haben das so oft nötig, uns zu versöhnen. Bedauerlicherweise haben wir schon vielfach miterlebt, was passiert, wenn das bei anderen nicht funktioniert hat, dann die Trennung folgte und dass das auch verheerende Folgen auf das Unternehmen hatte.

Alle guckten schon ein wenig erschöpft, aber doch fragte sich jeder: Was kann dann die Nummer eins sein? Um meine Zuhörer wieder einzufangen, brachte ich ein paar Vorschläge: Es könnte sein, viel Geld zu verdienen. Die Leute in den Reihen schmunzelten. Nun gut, ein anderer Vorschlag: Viel Geld verdienen und wenig arbeiten. Die selbstkritischen Lacher waren auch auf meiner Seite. Dann fragte ich nachdenklich: Könnte es sein, dass es die Gesundheit ist? Denn was ist das Leben schon, wenn wir nicht gesund sind? Was ist es wert, wenn wir Schmerzen haben? Hier wurde ich beim Erzählen sehr vorsichtig, denn Gesundheit ist ein hohes Gut und wer weiß, wer mit welcher Diagnose gerade mit im Raum sitzt.

„Ich selbst war lange Zeit verwöhnt damit, gesund zu sein, doch trotzdem – es geht mir schwer über die Lippen: Ich bin der Überzeugung, dass auch die Gesundheit nicht Nummer eins im Leben ist. Denn auch wenn wir schwer krank, bettlägerig und schwach sind, können uns schließlich Beziehungen halten und tragen. Und das ist meine Priorität eins. Ich meine damit nicht nur die Beziehungen zu Menschen, sondern für mich als Christ bedeutet das auch immer meine Beziehung zu Gott. Die Bibel (mein Lieblingsbuch!) sagt: Gebt Gott und seiner Sache die erste Stelle in eurem Leben, dann wird er euch alles geben, was ihr nötig habt."

Nun bin ich mir bewusst, dass nicht jeder meinen Glauben teilt, aber für meinen Teil bin ich überzeugt davon. Auch, dass eine tiefe Wahrheit in diesen Werten liegt und es wichtig ist, diese als Prioritäten zu setzen, um unsere Zukunft zu meistern.

Trotzdem bin ich Realist genug zu wissen, dass man die Prioritäten, die man für sich ausgewählt hat, nicht immer so einhalten kann. Wenn man zum Beispiel gerade ein Haus baut oder einen neuen Laden eröffnet oder wenn ein Kind ins Krankenhaus muss – dann haben plötzlich andere Dinge oberste Priorität. Aber immer, wenn ich strategische Entscheidungen treffe, ist es unglaublich hilfreich, erst diesen Filter anzuwenden.

Zum Beispiel hatten wir die Anfrage, ob wir ein Krankenhaus mit Backwaren beliefern. Wirtschaftlich gesehen wäre das sehr lukrativ gewesen – da hätte ein starker Geschäftspartner ein großes Volumen von uns abgenommen. Von der Priorität vier – der Arbeit – her betrachtet, wäre das sofort durchgegangen. Doch die Belieferung hätte 365 Tage im Jahr erfolgen müssen. Hier greift meine erste Priorität – die Beziehung zu Gott und dass ich nach seinen Werten und Geboten leben möchte. In dem Fall: Sechs Tage sollst du arbeiten und am 7. Tag sollst du ruhen. So blieb diese Entscheidung schon beim ersten Filter hängen.

Wir haben es als sehr bereichernd und wichtig erlebt, den Sonntag als Familientag zu begehen, als Tag der Einkehr, an dem wir gerne den Gottesdienst besuchen und unseren Glauben auffrischen. Hier bin ich keineswegs militant, ich schätze die Arbeit von Feuerwehrmännern, Krankenschwestern, Landwirten und vielen anderen, die unumgänglich sonntags arbeiten müssen. Aber wo es mir möglich ist, möchte ich das so leben – auch für unsere Mitarbeiter.

Interessanterweise konnte ich oft schon Mitarbeiter aus der Gastronomie gewinnen, die es gewohnt waren, jedes Wochenende zu arbeiten, und die jetzt, in ihrer Familienphase, geregelte Arbeitszeiten schätzen. Ich verteidige diese Priorität selbst da, wo Kritik von Kunden kommt, die gerne sonntags bei uns frühstücken würden oder frische Brötchen hätten. Mir ist auch bewusst, dass wir am Sonntag sehr gute Umsätze machen könnten. Doch ich bin davon überzeugt, dass diese Priorität wichtig und richtig ist – nicht zuletzt für uns als Familie und auch für unsere Mitarbeiter.

HAUS DES BROTES

Eine Bäckerei aufzubauen ist eine Sache; alles am Laufen zu halten, stellt dabei allerdings die weitaus größere Herausforderung dar. Erschwert wird dieses Unterfangen durch einen sich total verändernden Markt, wo Familienstrukturen aufbrechen, wo sich Verzehrgewohnheiten ändern und man an jeder Ecke – von der Tankstelle bis zum Discounter – Brot und Brötchen kaufen kann.

Wir hatten uns bewusst vorgenommen, Handwerker zu bleiben, aber wenn man sich nicht weiterentwickelt, ist der wirtschaftliche Erfolg auf Dauer nicht so darstellbar, wie wenn man neue Schritte geht oder sich anpasst. Sorgsam überlegten wir, ob wir eine weitere, nunmehr sechste Filiale, eröffnen wollten. Mir war wichtig, dass dieser neue Standort die Möglichkeit bieten würde, stärker die jüngere Generation anzusprechen. Und dass wir nicht abhängig von der Politik eines Konzerns sein würden – wie es der Fall wäre, wenn wir im Vorkassenbereich eines Discounters oder Supermarkts einen Laden eröffnen würden, wo man uns von heute auf morgen kündigen könnte. Wir wollten also einen freien, marktunabhängigen Standort, wo junge Leute sind und man viele erreicht. Dazu musste er in der Nähe sein, aber trotzdem weit genug weg von den anderen Filialen.

Dann hörte ich davon, dass die nahe gelegene märkische Kleinstadt Velten plante, ihren Bahnhofsvorplatz umzubauen. Eine umfassende Sanierung stand an, über die die Stadtverordneten gerade nachdachten. Da kam mir doch die Idee, mich für dieses Bahnhofsgebäude zu interessieren! Zugegebenermaßen – man brauchte viel Optimismus und reichlich Fantasie, dass das ein Standort zum Brötchenverkaufen sein könnte. Erst wenige

Wochen zuvor hatte es in der MAZ – der Märkischen Allgemeinen Zeitung – eine Umfrage gegeben, welches der hässlichste Bahnhof Brandenburgs sei. Tataaa: Zweifelsfrei auf den ersten Platz gewählt wurde Velten!

Das wunderte mich wenig. Das Empfangsgebäude hatte Brandschäden, durch den jahrelangen Leerstand war es arg heruntergekommen, der einzige Zugang zum Gleis, auf dem die Regionalbahn abfuhr, war durch den Bahnhof hindurch. Die Veltener waren längst darauf trainiert, mit frischem Schwung auf das Gebäude zuzugehen, noch einmal tief einzuatmen, die Luft anzuhalten und den Weg durch die ehemalige Schalterhalle ohne Luft zu holen hinter sich zu bringen. Im Volksmund wurde der Durchgang schonungslos „Pisstunnel" genannt. Tatsächlich war es ein ganz schlimmes, heruntergekommenes Haus. Doch ich zeigte Interesse, bewarb mich, gab ein Angebot ab und erhielt den Zuschlag. Das Gebäude war auch nicht allzu teuer ...

Die Herausforderungen, wie sich zeigen sollte, traten dann aber in der Verhandlung zutage. Für mich war es unglaublich zu entdecken, wie viele Anlagen und technische Einrichtungen noch in diesem Haus waren, die dafür sorgten, dass die Bahn sicher von A nach B fahren kann. Um aufzuklären, was noch wie mit wem zu besprechen und zu verhandeln war, brauchte es noch fast zwei Jahre. Da gab es die unterschiedlichen Tochterfirmen der Deutschen Bahn, die Rechte an dem Haus hatten. Alle hatten zwar nette Mitarbeiter, aber man wusste nie, mit wem man worüber sprechen sollte und wer letztlich wofür zuständig war. Da gab es eine Abteilung der DB, die das Gebäude verkaufte, eine andere, die es betrieb, eine, der es gehörte, eine war für die Bahnhofsuhr zuständig. Der DB Energie gehörte ein Schaltkasten im Haus, von dem aus der Strom an umliegende Gebäude verkauft wurde, der Vertrieb hatte einen Fahrkartenschalter drin ... Es war unglaublich komplex und kompliziert. Stück für Stück musste alles aufgedröselt und nacheinander verkauft werden.

Doch immer wieder kam alles ins Stocken. In meiner Not wandte ich mich an den brandenburgischen Verkehrsminister, als er einmal unseren Heimatkreis besuchte. Der trat an den Bahnvorstand heran und sorgte dankenswerterweise dafür, dass dieser gordische Knoten durchschlagen werden konnte: Schließlich wurde ein Vor-Ort-Termin mit den zwölf unterschiedlichen Vertretern der Betriebsteile der Deutschen Bahn vereinbart, die sich untereinander nicht kannten und sich erst mal alle vorstellen mussten. Dann saßen wir zusammen und konnten vieles auflösen.

Weiterhin waren wir frohgemut, dass das Gebäude ein guter Standpunkt für uns sein würde. Die Zeit, die es bisher gebraucht hatte, diente uns reichlich zum Planen. Ich rief einen studentischen Wettbewerb an der Fachhochschule Potsdam aus, wo ich zwei Professoren dafür begeistern konnte. Sie holten Masterstudierende verschiedener Fachrichtungen ins Boot, um statische Betrachtungen zu machen, Schäden aufzunehmen und vor allem Entwürfe zu entwickeln, wie diese Ruine zu einem lebendigen Ort werden könnte, an dem sich Menschen begegnen.

Nicht alles, was da entworfen wurde, konnte man mit der Realität zusammenbringen, aber die enorme Kreativität, die hier freigesetzt wurde, stimmte mich als Bauherrn sehr hoffnungsvoll. Die öffentliche Vorstellung der Projekte und die anschließende Abstimmung der Veltener Bürgerinnen und Bürger wurde mit großem Medieninteresse verfolgt – das Bahnhofsgebäude war ein wichtiges Thema für die ganze Stadt. Auch die politischen Vertreter zeigten sich überaus glücklich, dass der als Schandfleck wahrgenommene Ort aus der Mitte ihrer Stadt entfernt und durch etwas Neues, Modernes und Schönes ersetzt werden sollte.

Der Wettbewerb war in vielerlei Hinsicht eine Win-win-Situation. Den Architektur- und Bauingenieursstudenten finanzierte ich ihre Masterabschlussparty mit und sie waren sehr glücklich, dass sie nicht etwas für die Schublade produziert hatten; vielmehr gab es eine tatsächliche Chance, dass das, was sie da erarbeitet und entworfen hatten, umgesetzt werden würde.

Unser Architekt hatte die Größe, sich darauf einzulassen, die kreativen Ideen der Studierenden mit umzusetzen. So zeichnete er einen Entwurf, bei dem ich mich selbst auch stark mit einbrachte: Das neue Gebäude sollte ein heller Ort sein. Angelehnt an das alte, zu sanierende Bahnhofsgebäude, würde ein länglicher, hoher Kubus aus Stahl und Glas entstehen, dessen Dachgiebel und Säuleneingang die alte Architektur des Bahnhofs aufgreifen sollte. Die Säulen hatte ich vom Schrottplatz besorgt, von der ehemaligen Yorck-Brücke in Berlin. Diese Hartungschen Säulen ließen wir sanieren; sie werteten das Bahnhofsgebäude unheimlich auf.

Im Rahmen des Baugenehmigungsverfahrens wurden sämtliche rechtlichen Dinge geklärt und finanzielle Einigungen getroffen für eine faire Kostenbeteiligung der Bahn an dem nötigen Umbau. Nun sehnten wir uns der endgültigen Baugenehmigung entgegen.

Das erste Geld war schon ausgegeben, die ersten Investitionen getätigt, das Projekt war voll am Laufen, als uns aus heiterem Himmel ein Brief aus einer völlig unerwarteten Richtung erreichte: vom Eisenbahnbundesamt. Das ist nicht die Deutsche Bahn, sondern eine Bundesbehörde, die gewährleistet, dass der Zugverkehr in Deutschland sicher vonstattengeht. In ihrem Schreiben stand, dass sie als Behörde im Rahmen der Baugenehmigung am Verfahren mitbeteiligt worden waren. Sie hätten alles geprüft, doch die Art der geplanten Nutzung ließe sich nicht mit den Interessen der DB in Einklang bringen. Daher lehnten sie das Vorhaben ab.

Mir verschlug es die Sprache – das war ein harter Schlag, der uns ganz unvermutet traf. Nachdem wir diese Nachricht einige Tage verdaut hatten, rief ich mit einem Termin beim zuständigen Sachbearbeiter der Behörde an. Am anderen Ende der Leitung hatte ich einen ziemlich empörten Mitarbeiter, der sagte: „Jeder Idiot kauft sich heute einen Bahnhof und weiß gar nicht, worauf er sich einlässt. Sie haben überhaupt keine Vorstellung davon, mit wie vielen Herausforderungen wir hier konfrontiert sind!" Meine Absicht war es gewesen zu fragen, ob es möglicherweise einen Kompromiss geben könnte. Wütend warf mir der Mann entgegen, ob wir uns überhaupt vorstellen könnten, wie viel er zu tun hätte. Ob wir nicht lesen könnten, er habe bereits alles geschrieben, was wichtig sei. Verdattert legte ich auf. So ein unangenehmes Telefonat habe ich selten geführt.

Nun hatten wir als Familie und Unternehmen schon eine ganze Weile für dieses Projekt gebetet, den Entschluss für diese große Investition hatten wir beileibe nicht leichtfertig getroffen, sondern vor Gott gebracht. Doch wenn es dann richtig hart auf hart kommt, betet man noch mal anders. Wie froh bin ich gerade in solchen Momenten, dass ich Teil eines christlichen Unternehmerkreises bin – Manager im Gebet (MIG). Wir treffen uns reihum in Unternehmen oder zu Vor-Ort-Terminen, wenn es irgendwo klemmt, um insbesondere füreinander im Gebet einzustehen. Spannend ist, dass sich hier ein großer Branchenmix wiederfindet – Juristen, ein Rechtsanwalt, ein Finanzberater, ein Hersteller von medizinischem Gerät, eben ein Bäckermeister und andere. Menschen, die füreinander beten, aber auch einander raten.

So suchten wir einen Termin, um vor Ort am Bahnhof in Velten zu beten. Die einzige Möglichkeit dazu war der Vorabend unseres Familienurlaubs nach England. So reisten alle an, zuerst gab es einen kurzen Austausch, ich schilderte meine Not und wir beteten. Dann fragte einer aus der Runde: „Sag mal, Dietmar, hast du dieses Haus eigentlich schon Gott geweiht? Das ist hier irgendwie ein schlechter Ort." Mir entfuhr ein unverständiges: „Häh? Machen dit nich die Katholiken? Ick bin nur jewohnt, für Menschen um Segen zu bitten."

Wir beteten erst mal weiter und hatten eine Zeit der Stille, um auf Gott zu hören. Das empfand ich als sehr stark und intensiv. Nach wenigen Augenblicken sagte ich: „Ja, dit möchte ick jerne tun, dit Haus Gott weihen." Ich erzählte noch weiter, dass dieses Gebäude „Haus des Brotes" heißen sollte. Was natürlich gut zu einer Bäckerei passt, aber wenn man es ins Hebräische übersetzt, kommt *Beth-lachem* heraus. Bethlehem, der Ort, den wir von Weihnachten kennen, der Ort, wo Gottes Liebe zu den Menschen kommt und sichtbar wird.

Mir war klar, dass durch die starke Öffentlichkeitsarbeit im Vorfeld und das große mediale Interesse dieser Ort nicht einfach irgendeine weitere kleine Bäckerfiliale sein würde, sondern ein stadtprägendes Gebäude. Deshalb war mir wichtig, hier, an diesem Ort, vor Gott und meinen Freunden zu sagen, dass ich nicht stolz sein will auf dieses Haus. Und es auch nicht als Altersvorsorge ansehen möchte, sondern dass ich weiterhin Gott vertrauen will, dass er auch zukünftig mein Versorger ist. Als ich das alles vor Gott und meinen Freunden ausgeschüttet hatte, kam für die Brüder aus dem charismatisch geprägten Block die Zeit und leidenschaftlich proklamierten sie: „Das ist dein Haus, Gott, es soll dir gehören. Gott, du hast es gehört, wir wollen, dass sich das Problem mit dem Eisenbahnbundesamt klärt."

Das Wunder brauchte nur wenige Tage. Als wir aus dem Urlaub zurückkamen, wartete bereits eine E-Mail im Postfach, die vom Chef des Sachbearbeiters des Eisenbahnbundesamtes aus Bonn kam: „Wir beziehen uns auf das Schreiben von XY vom Soundsovielten und ziehen unsere Einwände zurück und stimmen Ihrem Vorhaben zu." Ohne Angabe von Gründen. Da könnte man sagen, das war Zufall. Aber für mich war das eine der starken Erfahrungen meines Lebens, dass es sich lohnt, zu Gott zu beten und meine Anliegen vor ihn zu tragen. Diese Wendung war ein unglaublich prägendes Glaubenserlebnis für mich.

So konnten wir endlich mit dem Umbau beginnen – das Bahnhofsgebäude in Velten verwandelte sich Stück um Stück in ein schönes Wohn- und Geschäftshaus, in dem neben einigen Wohnungen und unserer Bäckerfiliale auch ein Friseur und eine Fahrschule untergebracht werden konnten.

Als wir Monate später die Einweihung mit vielen prominenten Gästen feierten, gab es etliche Möglichkeiten, Hunderten von Menschen die wunderbare Geschichte vom „Haus des Brotes" zu erzählen und davon, dass Gott noch in unserer Zeit wirkt und Gebete hört. Und von unserem Wunsch, dass die Bestimmung des Hauses sein soll, dass hier Gottes Liebe spürbar wird.

Im täglichen Betrieb bemühten wir uns darum, dass nicht nur „Haus des Brotes" draufsteht, sondern dass dieser Ort auch mit Inhalt gefüllt wird. So traf sich der Schülergebetskreis des Veltener Gymnasiums lange Zeit im Veranstaltungsraum der Bäckerei. Seit der Eröffnung findet 14-tägig ein Bibelfrühstück christlicher Unternehmer mit Morgenandacht und Gebet füreinander statt. Und von Beginn an treffen sich regelmäßig junge Erwachsene zu einem Bibelhauskreis, um gemeinsam in Gottes

Wort zu lesen und Freundschaft zu pflegen. Wir freuen uns sehr, dass wir nicht nur leckeres Brot verkaufen und viele Kunden haben, die gerne bei uns frühstücken kommen oder geschmackvollen Kaffee genießen. Sondern dass man bei uns auch was vom Brot des Lebens bekommen kann.

Auf den Punkt brachte es die stellvertretende Bürgermeisterin mit ihrem Statement: „Wissen se wat, Herr Plentz, wenn wir Gäste hatten, die mit der Bahn angereist sind, haben wir nie versäumt, uns für den ersten Eindruck unserer Stadt zu entschuldigen. Aber aus dem Ort der Dunkelheit ist ein Ort des Lichts geworden. Vielen Dank für Ihr Engagement in unserer Stadt!"

Natürlich wünscht man sich nicht solche Zeiten der Anspannung mit großen Peinlichkeiten und Absagen, wie wir das in diesem Fall mit dem Bahnhof und der Baugenehmigung erlebten. Aber manchmal, wenn wir mitten in der Not unseres Alltags stecken, verlieren wir aus den Augen, dass Gott den Überblick und den perfekten Zeitplan hat.

Tatsächlich sorgte die Verzögerung durch die ausstehende Baugenehmigung und den Widerspruch des Eisenbahnbundesamts für genau den Zeitaufschub, den es gebraucht hatte: In der Zwischenzeit war die Stadt Velten in ein Förderprogramm der EU aufgenommen worden. Dadurch erhielten wir einen nicht zurückzuzahlenden Zuschuss von 402 000 Euro für das Objekt. Als ich diesen Zusammenhang bemerkte, war ich zutiefst berührt und voller Lob. Gott war nichts außer Kontrolle geraten – im Gegenteil: Er hatte alles und noch viel mehr für uns im Blick.

FEST DER VERSÖHNUNG

Unsere Familienbäckerei hat Tradition. Im Dezember 2017 feierte sie 140-jähriges Jubiläum und gleichzeitig stand die Eröffnung eines neuen Caféhauses in Oranienburg an – an einem Standort direkt gegenüber von der Gründungsbäckerei meines Urgroßvaters Carl Plentz. Das war natürlich eine tolle Möglichkeit für eine große Feier. Doch zuerst sprach ich im Meeting mit den Mitarbeitern darüber, ob sie bereit wären, bei dem Aufwand mitzumachen. Außerdem bat ich meine Frau Agnes um ihre Meinung. Sie sagte kurzerhand: „Triff du die Entscheidung. Du hast sowieso die meiste Arbeit damit."

So planten wir die Eröffnung im großen Stil. Die Einladungen an die lange Gästeliste gingen relativ kurzfristig raus, vielleicht eine Woche vor dem Ereignis. Doch schließlich sagten 160 Wegbegleiter, Förderer und Freunde zu. Zu diesem festlichen Anlass mietete ich den Kreistagssaal an, organisierte Musik und gutes Essen.

Dann kam der Tag der Eröffnung. Zu meiner großen Freude hielt der Bürgermeister eine Rede und betonte, dass der familiäre Zusammenhalt und der Glaube der Familie Plentz der Kitt ist, der die lange Erfolgsgeschichte der Familienbäckerei überhaupt erst ermöglicht hat. Natürlich hatte auch ich eine Rede vorbereitet und wartete mit launischen Anekdoten aus der Firmengeschichte Plentz auf. Zusätzlich kam jedes unserer Kinder auf die Bühne und sagte ein paar Sätze. Luisa, unser Teenager, warf etwas provokant ein, dass sie kein Taschengeld bekomme und dafür gegen einen kleinen Lohn im Laden mithelfe – das sei so bei uns. Die Lacher waren natürlich auf ihrer Seite!

Dann begann ich mit meinem Rückblick voller Dankbarkeit

gegenüber Gott – für alles Gute, aber auch alles Schwere. Die mit Abstand schwierigste Zeit, von der ich weiß, waren die frühen 1940er-Jahre, eine Phase, die geprägt war vom Kriegsende. Es herrschten ein akuter Fachkräftemangel, Rohstoffknappheit, große wirtschaftliche Schwierigkeiten und schwierige politische Umstände. Da zeigte ich ein Bild aus dieser Zeit, auf dem meine Oma Käthe Plentz mit Mittelscheitel, historischen Backwaren und ihren sechs Kindern zu sehen war.

Man hat viel von den Bäckermeistern gehört, aber oft waren die Frauen in den schwierigen Zeiten das Rückgrat der Unternehmen. Diese Frau hatte ihren Mann verloren, der in den Kriegswirren keine Medizin bekommen hatte, ihr ältester Sohn war im Krieg gefallen, die anderen Söhne waren zum Volkssturm geholt worden und kehrten erst später zurück.

So hat meine Großmutter mit ihren Töchtern die Bäckerei geführt – in einer sehr harten Zeit und unter viel Gebet. Oft wussten sie nicht mehr ein noch aus. Die Arbeit war fast nicht zu bewältigen. Meine Oma, die eine resolute Mit-Herz-und-Schnauze-Frau war, traf schließlich unter Gebet eine schwere Entscheidung: Sie wandte sich an den Arbeitsdienst, ging zur Kommandantur und stellte einen Antrag, dass man ihr einen Strafgefangenen aus dem nahe gelegenen Konzentrationslager Sachsenhausen zuteilte, damit die Bäckerei weitergehen konnte.

Natürlich waren Bäckereien existenziell wichtig, so wurde ihr ein holländischer Gefangener zugeteilt – Egbert Hamming kam als Konditor in unsere Bäckerei. Dieser ausgemergelte Mann hatte einen Gehfehler – man hatte ihm das Bein gebrochen, weil er vor Hunger zwei Kartoffeln hatte stehlen wollen. Die Frauen hatten Angst vor ihm, weil sie ihn für einen kriminellen Strafgefangenen hielten. Später allerdings sollte sich herausstellen, dass er deshalb im KZ war, weil er in seiner holländischen Heimatstadt Utrecht ein jüdisches Mädchen vor den Nazis versteckt hatte – das durch seinen Mut den Holocaust überlebte.

Nun war dieser Mann also in unserer Familie gelandet und unterstützte die Bäckerei. Meine Oma musste sich an die Spielregeln im Umgang mit Strafgefangenen halten: kein persönlicher Kontakt, kein gemeinsames Essen oder Ähnliches. So setzte sich dann die Familie in der Pause zu den Mahlzeiten zusammen, während Egbert Hamming etwas abseits auf einem Hocker vor dem Backofen saß. Schnell bemerkte die Familie, dass dieser Mann vor dem Essen die Hände faltete und betete. In der schwierigsten Zeit seines Lebens lobte Hamming Gott dafür, dass er im Warmen war, Nahrung hatte, dass er bei einer deutschen Familie sein durfte statt im KZ – und das in einer Zeit, in der andere wie die Fliegen starben.

Glaube verbindet. Sogar eigentlich verfeindete Menschen wie einen Holländer (der allen Grund hatte, dieses Volk zu hassen, das ihn zur Zwangsarbeit verpflichtete) und eine deutsche Familie (die einen Strafgefangenen bei sich aufnahm, der vielleicht wer-weiß-was verbrochen hatte). Langsam wuchs Vertrauen und auch der Umgang miteinander wurde herzlicher. Als wenig später, kurz vor Kriegsende, die Rote Armee kam und die KZ-Häftlinge auf die Todesmärsche geschickt wurden, um Spuren zu verwischen, handelte Oma ganz schnell: Sie packte Egbert Hamming einen Rucksack voll mit getrockneten Brötchen, die ihm als unverderbliche Wegzehrung dienten, und wurde so zu seinem Fluchthelfer. Der Mann lief – mit seinem Gehfehler – den weiten Weg bis in seine Heimat nach Utrecht zurück und entkam.

Nun war ich damals nicht dabei, doch ich kenne die Geschichte so gut, weil Egbert und meine Familie bis in sein hohes Alter Freunde geblieben sind. Später zu DDR-Zeiten besuchte er uns regelmäßig in Schwante und wurde für uns zum „West-Onkel". Da brachte er meinen glücklichen Schwestern die begehrten Feinstrumpfhosen mit, meine Mutter bekam guten Kaffee und für mich gab es Schokolade.

Damals war es schick, ein Poesiealbum zu führen – eine meiner Schwestern hatte so eines, da schrieb Egbert ihr auf eine Seite den Bibelvers hinein: „Denn es sollen wohl Berge weichen und Hügel hinfallen, aber meine Gnade soll nicht von dir weichen." Dieser Vers aus Jesaja 54,10 war auch meiner Großmutter immer sehr wichtig gewesen. In Holz geschnitzt hing er bis zu ihrem Lebensende über ihrem Bett. Ich hatte mir diese Erinnerung als Erbe gewünscht – es war zum einen ein besonderes Andenken an meine Großmutter, aber auch an Egbert Hamming.

Zum Tag des Jubiläums nun brachte ich das Holzbild mit und zeigte es allen. Zum Schluss sagte ich, dass das der Wert ist, für den wir als Familienbäckerei stehen: dass es gute Zeiten gibt, die wir dankbar feiern – so wie heute das Jubiläum und die Neueröffnung des Cafés. Aber dass es für uns auch wichtig ist, in schweren Zeiten erlebt zu haben, dass Gott an unserer Seite ist und wir wissen, auf wen wir uns verlassen können.

RETTET DAS HANDWERK!

Tradition zu feiern und das gute alte Handwerk zu pflegen und weiterzuentwickeln, gehört zu meinen Leidenschaften. Doch in einer Zeit, in der es immer weniger Nachwuchs gibt, in der viele junge Leute studieren und es reichlich Berufe mit guten Entwicklungschancen gibt, stellen wir als Bäcker fest, dass wir bei den Bewerbern häufig am Ende der Nahrungskette stehen. Durch die anfallende Nachtarbeit sowie die eher geringe bis durchschnittliche Entlohnung kann das Bäckerhandwerk mit vielen anderen Berufen nicht so gut konkurrieren.

So war es für uns und unsere Kollegen aus anderen Betrieben besonders wichtig, kreative Wege zu finden, Nachwuchs zu akquirieren. Wir waren uns einig darin, dass wir dabei die Sprache der jungen Leute sprechen wollten. So drehten wir mit den Deutschen Innungsbäckern einen Imagefilm mit Azubis, den wir auf YouTube hochluden. Zu unserer großen Freude erhielt das Video über 500 000 Klicks und wurde sogar mit verschiedenen Preisen bedacht. (Wer mal reinschauen will: Einfach bei YouTube „Das Bäckerhandwerk: Der Imagefilm" eingeben!)

Dann nutzen wir regelmäßig bestehende Netzwerke und präsentieren uns in Foren, Berufs- und Ausbildungsbörsen oder auf dem Stellenmarkt. Aber als noch entscheidender hat sich für uns die persönliche Komponente herausgestellt – dass man in Kontakt kommt mit den potenziellen Azubis, den Bäckermeistern der Zukunft, und dabei die eigene Arbeitgebermarke stärkt. So bieten wir Schülerpraktika bei uns an und beteiligen uns an Berufsorientierungstourneen, bei denen junge Leute die Möglichkeit zu Schnuppertagen in der Bäckerei haben, um dieses Berufsbild aus nächster Nähe kennenzulernen. Wenn jemand so feststellt und entscheidet, dass das nicht der richtige Weg für ihn oder sie ist, ist ja auch schon etwas gewonnen.

Aktiv bin ich auch in Schulen unserer Region unterwegs, die sozusagen unsere „Quellmärkte" für zukünftige Bäckerazubis sind. Da engagieren wir uns mit unterschiedlichen Projekten. Einmal haben wir eine riesige Geburtstagstorte für ein Schuljubiläum gebacken. Dazu baten wir im Vorfeld den Schulleiter, interessierte Schülerinnen und Schüler zu finden, die in Arbeitsgruppen beim Backen der zwei mal zwei Meter großen Himbeertorte mithalfen. So konnten wir uns als Arbeitgeber zeigen, machten gut sichtbare Öffentlichkeitsarbeit und fanden auch tatsächlich Nachwuchs.

An einer anderen Schule, die eine klare Berufsausrichtung hat, bauten wir als Sponsoren gemeinsam mit einer örtlichen Bank einen Backofen. Seitdem gibt es dort nicht nur Kochkurse, eine Computerwerkstatt oder eine Tischlerei, sondern junge Leute können im Unterricht auch ihre Liebe zum Brotbacken entdecken.

Im Laufe der Jahre habe ich festgestellt, wie wichtig es ist, nicht alle Bewerber und Auszubildenden über einen Kamm zu scheren. Zum einen geht es um weitaus mehr als das Zeugnis, das jemand mitbringt. Zum anderen möchte ich dazu beitragen, dass jede und jeder sich entfalten kann. Mich macht es froh zu sehen, wie junge Leute, in die ich investieren durfte, schließlich ihren Platz im Leben gefunden haben – mit ihren Talenten, ihrer ganz eigenen Persönlichkeit und vielleicht auch ihren Defiziten. Letztlich hat jeder von uns ganz unterschiedliche Stärken und Vorzüge – und wenn man Menschen richtig einsetzt und die Rahmenbedingungen stimmen wie Wertschätzung und gute Eins-zu-eins-Förderung, können diese richtig zum Aufblühen kommen.

So manchem sehr begabten Azubi habe ich schon eine verkürzte Lehrzeit angeboten. Für andere passte ein triales Studium, das die Ausbildung im Betrieb mit einem Meisterabschluss und einem Bachelor in Handwerksmanagement verbindet – so werden die Führungskräfte von morgen ausgebildet.

Doch auch junge Leute mit sogenannten Defiziten möchte ich gerne fördern. Wenn jemand beispielsweise eine Lese-Rechtschreib-Schwäche hat, kann er trotz schlechter Zensuren noch immer ein hervorragender Bäcker werden. Wir brauchen starke Mitarbeiterinnen und Mitarbeiter, um in stabilen Teams zu arbeiten. Oft habe ich die Erfahrung gemacht, dass jemand mit Defiziten eine Mannschaft stärkt und sie zusammenschweißt – man übt Rücksicht, geht bedachter vor, aber auch überwundene Schwierigkeiten sind Kitt für eine Truppe. Natürlich ist wichtig, wenn jemand mit einer Schwäche in ein Team kommt, das vorher mit diesem gut abzustimmen und am besten einen Paten zu bestimmen, der sich besonders dieser Person annimmt und sie unterstützt.

Als besonders gute Möglichkeit, junge Leute für eine Bäckerausbildung bei uns zu motivieren, haben sich Kooperationen mit Kollegen im Ausland herausgestellt. Dabei bieten wir unseren Azubis die Möglichkeit, nach bestandener Zwischenprüfung einen Teil ihrer Ausbildung bei befreundeten Bäckereien im europäischen Ausland zu absolvieren. Für viele Jugendliche ist das eine tolle Chance, vielleicht zum ersten Mal allein ohne die Eltern nach Italien, Frankreich, Spanien oder in die Schweiz zu reisen. Um nach drei bis zwölf Wochen stolz, selbstbewusst und an Lebenserfahrung gereift wiederzukommen. Da galt ein Lehrling, der zum Beispiel in Bordeaux war, plötzlich als derjenige, der das beste Baguette backt.

Riesig freue ich mich, wenn ich von ehemaligen Azubis Jahre

später eine Rückmeldung zu ihrer Lehrzeit erhalte, in der es womöglich auch mal Momente gab, in denen es schwer war und sie durchhalten mussten. Von einem, der heute ein erfahrener Bäcker in Schweden ist, erhielt ich zum Beispiel eine E-Mail, in der er sich für die Lehrzeit bedankte und es unglaublich wertschätzte, jetzt an seinem Platz im Leben angekommen zu sein. Solche Rückmeldungen machen mich wirklich glücklich.

Immer wieder gibt es natürlich auch schwierige Situationen, wenn Azubis nicht so gefestigt sind oder Schwächen haben. Mir ist es dabei wichtig, die Menschen zu begleiten. Gut kann ich mich an eine junge Frau erinnern, die ganz fit war und sich sehr freute, die Ausbildungsstelle bei uns gefunden zu haben. Von einem Tag auf den anderen jedoch hakte es plötzlich und keiner wusste, was da los war. Von einer Filialleiterin bekam ich den Auftrag: „Chef, mit der musst du mal reden, das geht so nicht weiter. Sie ist unzuverlässig."

Um ehrlich zu sein: Dem anstehenden Termin mit dem Konfliktgespräch sah ich nicht gerade mit Begeisterung entgegen. Doch schließlich war ich froh, dass es mir gelang, erst einmal einen ruhigen Rahmen zu schaffen, um zuzuhören, und nicht gleich mit der Tür ins Haus zu fallen. Mich erstaunte zu erfahren, in welch schwierige Situation diese junge Frau geraten war. Sichtlich bewegt berichtete sie davon, wie große Probleme im familiären Umfeld dazu geführt hatten, dass sie nun allein wohnte, bestimmte Dinge wie Rechnungen nicht gut im Blick hatte und somit in eine herausfordernde finanzielle Situation geraten war.

Schließlich halfen wir ihr mit den Telefonaten mit Gläubigern, gingen mit ihr zu Beratungen, konnten Stundungen vereinbaren und einiges mehr, sodass der unüberschaubare Berg an Schulden und Problemen, vor dem sie erstarrt gestanden hatte, schrittweise abgetragen wurde. Mir ist wichtig, dass ich zuerst zuhöre, wenn Probleme auftreten, dann auch Rat gebe und bete – und, wo möglich, praktisch unterstütze.

Am Ende hatten wir mit der Auszubildenden alles geregelt, doch trotzdem gab es kein Happy End: Als es nach einer Weile zum wiederholten Diebstahlverdacht kam und die Kollegen das auch beobachteten, mussten wir das Ausbildungsverhältnis leider beenden. Diese Situation entmutigte uns aber nicht, weiterhin zu helfen, wo Not ist. Das ist wie bei Gott: Die Bereitschaft zu helfen und zu vergeben ist immer da. Aber trotzdem hat unser Handeln auch Konsequenzen, mit denen wir leben müssen.

Als Ausbildungsbetrieb macht es mich froh und dankbar, dass wir über die Jahre viele junge Leute darin unterstützt haben, ihre Leidenschaft als Bäcker oder Konditorin zu entdecken und dass viele glücklich ihren Platz im Leben in diesem traditionellen Handwerk gefunden haben.

BLAUE PUNKTE

Die verschiedensten Aktivitäten, wie wir uns um Nachwuchs bemüht oder die Azubis begleitet haben, führten dazu, dass wir in vielfacher Weise ein im wahrsten Sinne des Wortes „ausgezeichneter Betrieb“ für Ausbildungen geworden sind. So gewannen wir unter anderem das „Ausbildungs-Ass“, einen Wettbewerb um die kreativsten und engagiertesten Ausbildungskonzepte in der Kategorie Handwerk, den „BakerMaker Award“ – den Internationalen Ausbildungspreis für das Bäckerhandwerk – sowie den Ausbildungspreis des Landes Brandenburg. Auch diese Auszeichnungen verhelfen unserer Bäckerei enorm zu Sichtbarkeit und einem guten Image als Ausbilder.

Im Jahr 2018 kündigte sich wieder ein Termin an – diesmal waren wir besonders stolz, da der Bundespräsident Frank-Walter Steinmeier mit seiner Frau uns höchstpersönlich die Urkunde überreichen würde. In einer Zeit, in der viele junge Leute lieber studieren, wollte der Bundespräsident die betriebliche Ausbildung stärken und würdigen. Nicht nur für uns, sondern für die ganze Branche war es äußerst ehrenvoll, gemeinsam mit anderen handwerklichen Betrieben diese Aufmerksamkeit zu bekommen. Die Auszeichnung erhielten wir dafür, dass wir seit vielen Jahren Azubis einen Auslandsaufenthalt bei befreundeten Bäckereien in Italien, Frankreich, Spanien oder der Schweiz angeboten hatten. Nun sollten wir für dieses Engagement geehrt werden.

Doch leider fiel der Termin genau in die Zeit, in der Agnes und ich unseren Jahresurlaub machen wollten. So stellten wir ein Team zusammen, das uns vertreten sollte: Jens Wittig, Assistent der Geschäftsführung, unter anderem verantwortlich für die Auslandsprojekte, ein ehemaliger Azubi, der zum Backen in der Schweiz gewesen und hoch motiviert zurückgekommen war, und unser Schwiegersohn Max Schöppner, der Juniorchef. Diese Truppe hatte die Aufgabe, das Unternehmen zu vertreten und die Ehrung entgegenzunehmen.

Ich war stolz auf die Männer und briefte sie im Vorfeld. Meinem Schwiegersohn Max sagte ich noch, dass es eine tolle Möglichkeit sei, den Bundespräsidenten bei der Begegnung zu ermutigen, christliche Werte zu leben und seine Aufgabe in Verantwortung vor Gott und den Menschen zu erfüllen. Denn genau das tat auch ich immer, wenn ich hohe Amtsträger in Verantwortung traf.

Für Max, der sein Medizinstudium abgebrochen hatte, um in unserer Bäckerei einzusteigen, war ein wesentlicher Aspekt für diese Entscheidung gewesen, dass man mit dem Unternehmen ganz praktisch christliche Werte leben kann. Diese bevorstehende Gelegenheit nahm er daher sehr ernst. Mit strahlenden Augen erzählte er in seiner christlichen Kleingruppe von dem aufregenden, anstehenden Termin mit dem deutschen Staatsoberhaupt und der wunderbaren Möglichkeit, einige Worte an Herrn Steinmeier zu richten. Die Freunde beteten für ihn und ermutigten ihn in seinem Vorhaben. Max wappnete sich mit einer Taschenbibel des Gideonbundes und einem passenden Vers für die Begegnung und legte sich sorgfältig einige Worte zurecht, mit denen er Herrn Steinmeier ermutigen wollte. Auf meine Empfehlung hin hatte er sich noch ein historisches Bäckeroutfit zusammengestellt, um bei dem großen Termin ein medienwirksames Bild abzugeben. Aufgeregt und voller Stolz fieberte er nun diesem wichtigen Termin entgegen.

Einige Tage vor der Preisübergabe fand noch ein Gebetstreffen statt, bei dem auch für Max' Auftritt gebetet wurde. Dabei kam einer jungen Frau wie ein göttlicher Impuls ein Bild vor

Augen, mit dem keiner etwas anfangen konnte: Sie sah viele unterschiedlich große blaue Punkte …

Schließlich kam der große Tag. Wie das so üblich ist, gab es ein straffes Protokoll mit einem genauen Zeitplan: Jeder der Beteiligten wurde vor der Begegnung mit dem Bundespräsidenten gründlich in seine Rolle eingewiesen, es gab Sicherheitschecks und Ähnliches. Wie sich herausstellen sollte, konnten pro Unternehmen nur zwei Mitarbeiter mit unserem Staatsoberhaupt reden: Herr Wittig und der Azubi standen auf der Liste für unsere Bäckerei.

Damit hatte Max nicht gerechnet. Da hatte er sich so eingehend vorbereitet und jetzt sollte er nur Zaungast sein? Enttäuscht fügte er sich in seine Rolle. Doch gerade, als er sich in seinem historischen Bäckeroutfit in den Zuschauerbereich zurückziehen wollte, fragte Herr Wittig meinen Schwiegersohn: „Max, hast du etwa ein Geschenk mitgebracht, wie das der Chef immer macht? Du, wenn du 'ne Bibel dabei hast, dann übergeb ich die." Max strahlte und übergab das Buch gern dem Assistenten des Geschäftsführers.

Im Zuschauerbereich angekommen, stellte er verblüfft fest, dass der Teppich ein blaues Punktmuster hatte! Sofort erinnerte Max sich an das Bild, das seine Bekannte im Vorfeld beim Beten gehabt hatte, und atmete tief durch: „Gott hat hier weiterhin den Überblick. Auch, wenn ich mir die Situation ganz anders vorgestellt habe. Ihm ist nichts aus dem Ruder gelaufen." Als das Programm begann, konnte er das Geschehen auf der Bühne ganz entspannt und ohne Groll verfolgen.

Bei der Übergabe des Preises an unsere Mitarbeiter erklärte Herr Wittig: „Herr Steinmeier, wir sind sehr dankbar für Ihre Wertschätzung für unseren Beruf. Unser Chef hat für sie ein ‚Geschenk des Hauses' dabei, wie wir immer sagen, eine Bibel, die man auch im Dienstwagen gut gebrauchen kann. Wir sind ein Unternehmen, das sich bemüht, nach christlichen Werten zu leben."

Dankbar nahm der Bundespräsident Geschenk und Worte entgegen. Danach wurden Fotos geschossen. Anschließend ergab sich für Herrn Wittig die Chance, eine Bitte an Herrn Steinmeier zu richten: „Eigentlich wollten wir gern ein Foto mit unserm Juniorchef machen, wenn es da noch eine Möglichkeit gibt?" Die Leute vom Protokoll waren sichtlich verunsichert, als sie die Frage hörten. Doch nachdem alle Preisübergaben und Interviews beendet waren, erinnerte sich Herr Steinmeier: „Da hatte doch noch jemand einen Fotowunsch", und drehte sich suchend um. Einer stürzte los, um Max zu holen, der sich mit den anderen inzwischen schon am Büffet vergnügte.

Als Max die Neuigkeit erfuhr, ließ er sofort Glas und Häppchen stehen und machte sich direkt auf den Weg zum Bundespräsidenten. Dass er nun doch noch die Gelegenheit erhielt, mit dem deutschen Staatsoberhaupt zu sprechen, damit hatte er nicht gerechnet. Schmunzelnd dachte er an die blauen Punkte – ja, Gott hatte alles unter Kontrolle.

Max hatte gut zugehört, als Herr Steinmeier vor wenigen Wochen bei seiner Antrittsrede über Mut gesprochen hatte, und sich selbst Gedanken dazu gemacht. So legte mein Schwiegersohn jetzt nach, wie viel ihm das persönlich bedeutete, und gab dem Bundespräsidenten das Bibelwort aus Josua 1,9 mit: *„Sei stark und mutig*! Hab keine Angst und verzweifle nicht. Denn ich, der Herr, dein Gott, bin bei dir, wohin du auch gehst." Mit großem Wohlwollen nahmen Frank-Walter Steinmeier und seine Frau Elke Büdenbender diese Mut machenden Worte auf und Frau Büdenbender sagte sogar: „Herr Schöppner, wir bemühen uns, nach diesen Werten zu leben."

Max glühte vor Glück. Noch immer konnte er es kaum glauben, dass er – obwohl er nicht auf der Liste gestanden hatte – doch noch zum Zug gekommen war. Beim anschließenden Shooting lichteten die Fotografen ein Bild mit einem bis über beide Ohren strahlenden Max in traditioneller Bäckertracht ab, das später sogar auf die Internetseite des Bundespräsidenten gestellt wurde.

Als ich im Nachhinein die Einzelheiten des Termins beim Bundespräsidenten erfuhr, spürte ich Freude und warme Dankbarkeit in mir. Einmal, dass die nächste Generation auch großen Wert darauf legt, christliche Werte und den Glauben aktiv und ermutigend zu leben. Aber was mich fast noch mehr beeindruckt hatte, war, dass Mitarbeiter, die selbst nicht zur Familie gehören, sich so stark mit dem Unternehmen identifizieren, dass sie eine Bibel als Geschenk des Hauses weitergeben – was der Chef sonst immer tut. Dass sich hier etwas vererbt und ein Bewusstsein geschaffen wird, einfach indem wir leben und handeln. Das machte mich sehr glücklich.

KLEINE BROTE

Es war Montagmorgen gegen 11 Uhr, als ich mich zu einem zweiten Frühstück in die Küche setzte, um nach einem Tag, der schon einiges an Spannungen und Personalgesprächen mit sich gebracht hatte, ein wenig abzuschalten. Einige andere Familienmitglieder waren auch da, von denen manche nach langen Stunden Arbeit in der Backstube schon Feierabend machten. Ich hatte noch nicht mit dem Frühstück begonnen, da kam unser Sohn Max, der Kaffee für uns holen sollte, aus dem Laden heraufgestürzt und sagte aufgeregt: „Papa, im Laden ist ein Promi, der hat gefragt, ob er dich sehen kann!“

Einerseits freute ich mich, andererseits seufzte ich innerlich. „Hoffentlich keine Reklamation“, dachte ich noch, doch als ich in den Laden trat, atmete ich auf. Vor mir stand ein wohlbekanntes Gesicht aus dem Fernsehen. Der Mann tat sich eben genüsslich sein Frühstück auf und freute sich sichtlich, mich anzutreffen und kurz mit mir zu plaudern. So setzte ich also meine Frühstückspause auf der Terrasse unseres Cafés fort und genoss die Gesellschaft dieses Prominenten. Einige der anderen Cafégäste waren aufmerksam geworden und schauten zu uns herüber, teilweise noch verunsichert, ob hier wirklich der Mann saß, den sie sonst nur von der Mattscheibe kannten. Dieser Gast nun redete übersprudelnd auf mich ein, erklärte mir wortgewaltig die Welt – mal mit überbordender Begeisterung, mal mit beißender Kritik. Kreuz und quer durch den Gemüsegarten ging es und er überschüttete mich regelrecht mit facettenreichen Worten.

Als im Laufe der Zeit der Redefluss nicht abbrach, wurde mir durch das, was er zwischen den Zeilen sagte, bewusst, dass der Tag für meinen Gast ein sehr besonderer war: Zum ersten Mal im Leben sollte er in ein Krankenhaus kommen, eine große Hüftoperation stand ihm bevor. Voller Aufregung zitterte er diesem Ereignis entgegen, er hatte im Vorfeld sogar sein Testament aufgesetzt. Ich fand mich in der Rolle des aufmerksamen und geduldigen Zuhörers wieder und wunderte mich, dass ein so gestandener Mann aus den Medien, der sich bei Fernsehinterviews nie unterkriegen ließ, jetzt mit so menschlichen Gefühlen vor mir saß, die jeder Normalbürger auch kennt.

Gleichzeitig genoss er seine Henkersmahlzeit vor dem Nüchternsein und freute sich überschwänglich an den Joggingbrötchen, dem Eiersalat und dem Preis-Leistungs-Verhältnis bei uns und dass er hier auf dem gastronomisch eingeschränkten flachen Land noch so ein wunderbares Frühstück gefunden hatte.

Schließlich fasste ich mir ein Herz und griff konkreter ins Gespräch ein: „Ich muss Ihnen mal was Gutes erzählen – wir sind sehr froh, dass in unserem Nachbarort ein so weltweit anerkanntes Klinikum ist und viele Menschen Tag für Tag dort die beste Behandlung erfahren. Selbst mein Vater hat dort ein neues Knie eingebaut gekriegt und danach gesagt: ‚Hätt ich das nur fünf Jahre früher gemacht …'" Diese Worte freuten meinen Gast offensichtlich und beruhigten ihn.

Der Besuch neigte sich dem Ende zu. In mir arbeitete es und schließlich fasste ich den Mut zu fragen: „Lieber Herr XY, wenn es für Sie in Ordnung ist, würde ich gerne für Sie ein Gebet sprechen. Ich glaube, Sie sind in besten Händen, aber ich würde Sie gerne unserem Gott anbefehlen."

Der bekannte Mann, der selbst auch gläubig ist, willigte ein. Da wir uns der Aufmerksamkeit der Gäste entziehen wollten, gingen wir in eine Ecke des Cafés, wo wir ungestört sein konnten. Dort sprach ich Gott erst einmal meinen Dank aus, dass wir in unseren Zeiten so viel gestalten können, dankte für unsere medizinische Versorgung, betete für den operierenden Professor und dass die Operation erfolgreich verlaufen würde. Aus tiefstem Herzen konnte ich Gott bitten, dass die Zeit im Krankenhaus für meinen Gast keine verlorene Zeit werden würde, sondern eine bereichernde – so wie ich es selbst erfahren hatte. Und dass er auch in der Zeit nach dem Eingriff nicht unter Einschränkungen leiden würde, sondern Gutes daraus hervorging. Während des Gebets schien Gottes Gegenwart fast greifbar zu sein.

Voller Staunen über diesen besonderen Moment und den Frieden, den wir gewonnen hatten, verabschiedeten wir uns. Auf dem Rückweg fragte mich eine Mitarbeiterin: „Sag mal, war das nicht der XY aus dem ZDF?" Ich bejahte und stieg müde die Treppen nach oben in unsere Wohnung. Für den Bäcker war es längst Zeit für den Mittagsschlaf und so widmete ich mich meinem Powernap. Im Bett dachte ich mit etwas mulmigem Gefühl: „Lieber Gott, jetzt habe ich mich so weit aus dem Fenster gelehnt zu beten, wo der Herr XY und ich uns doch gar nicht gut kennen." Ich flehte Gott an, dass er das Gebet erhören würde. Irgendwie fühlte ich mich wie der kleine Junge aus der Geschichte, in der Jesus 5000 Leute satt macht. Der Junge, der in seinem Korb fünf Brote und zwei Fische hat, was unmöglich für die vielen Menschen reichen kann. Aber er stellt es Jesus zur Verfügung. Und alle werden durch das Wunder satt, das Jesus damit tut.

Wenig später erfuhr ich, dass Gott dem operierenden Professor wirklich großes Geschick gegeben und mein Gast das Gefühl hatte, Wunder über Wunder zu erleben. Die Wunde war bald geheilt, bereits nach wenigen Stunden konnte er auf sein Zimmer gebracht werden, nach wenigen Tagen konnte er laufen und auch Treppen steigen. Schon nach einer Woche wurde er mit seiner neuen Hüfte entlassen.

In den Tagen darauf erreichten mich aus dem Freundeskreis meines prominenten Gastes unterschiedliche Nachrichten – dieser habe berichtet, dass er auf dem Weg ins Krankenhaus, als er solche Angst hatte, einem Engel begegnet sei. Und nach diesem Besuch so voller Heiterkeit und Frieden gewesen sei, dass er gemeint hatte, gar keine Narkosemittel mehr zu brauchen ...

Da musste ich wieder an die Brote des Jungen denken: Wenn wir die Bereitschaft haben, das wenige, was wir haben, Gott zur Verfügung zu stellen, bei aller Einschränkung, dann kann unter dem Segen Gottes viel daraus werden. Auch aus kleinen Broten und zaghaften Gebeten.

4

Frisch gebackene Ideen

CROSS-MARKETING

STRAUßENEI-EIERLIKÖRSAHNETÖRTCHEN

Wenn man eine Bäckerei betreibt, ist es schön, leckere Sachen anzubieten. Aber in unserer heutigen Zeit in Deutschland besteht die Hauptaufgabe eines Bäckers nicht unbedingt darin, hungrige Menschen satt zu machen, sondern auch satte Menschen hungrig zu machen. Und dafür braucht es ausgefallene und neue Backideen. Als besonders gelungen empfinde ich ein neues Produkt, wenn es gut schmeckt, einzigartig ist oder einen regionalen Bezug hat.

Einmal war ich wieder auf der Suche nach „frisch gebackenen Ideen", wie auch der Slogan unserer Bäckerei lautet. So schlenderte ich an einem schönen Aprilsamstag, begleitet von ersten warmen Sonnenstrahlen, über das „Krämer Waldfest" unserer Gemeinde Oberkrämer, wo verschiedene Anbieter unserer Region ihre Produkte auf einem Markt vorstellten. Da kam ich an einem Straußenzüchter vorbei, der für mich ganz exotische Dinge präsentierte: Lederwaren aus Straußenleder, Gebrauchsgegenstände wie Lampenschirme aus Straußeneiern und natürliche leckere Straußenbratwurst. Für mich war es etwas völlig Neues, brandenburgischen Erzeugnissen von diesem besonderen Tier zu begegnen.

Diese Entdeckung schrie geradezu nach einer Idee zum Verbacken. So grübelte ich herum: Wie bekomme ich den Strauß in die Torte? Schnell kam ich mit dem Farmer ins Gespräch und wir freundeten uns an. Gemeinsam entwickelten wir die Idee, eine Straußenkeule in einen Brotlaib einzubacken, um sie bei unserem traditionellen Holzbackofenfest anzubieten. Doch dann kam der genialste Einfall, der einfach und wirkungsvoll zugleich war: Wir machten aus den Straußeneiern Eierlikör, um diesen dann in unseren Törtchen zu verbacken. Von so etwas hatte die Welt noch nicht gehört! Und natürlich würde jeder so ein Straußenei-Eierlikörsahnetörtchen probieren wollen.

Ich rührte wie gewohnt die Werbetrommel und sofort sprangen die Journalisten auf die Idee an. Ganz besonders liebten sie den monströsen Namen unseres neuen Produkts. Zum Fototermin erschien ich auf der Straußenfarm mit meinem strahlend weißen Bäckeroutfit mit traditioneller Mütze, wurde Auge in Auge mit einem Strauß abgelichtet und stellte dabei die famosen Straußenei-Eierlikörsahnetörtchen vor.

Zu dieser Zeit gab es im Radio die Sendung „Wahrheit oder Lüge", bei der der Moderator unglaubliche Geschichten vorstellte und die Hörer fragte, ob sie glaubten, dass sie wahr seien. Tatsächlich stellte er dort auch die Frage, ob es „Straußenei-Eierlikörsahnetörtchen" geben könnte. So unwahrscheinlich klang das! Wir waren wirklich sehr glücklich, dass wir nicht nur einen kulinarischen Genuss geschaffen hatten, sondern auch viel mediale Aufmerksamkeit erhielten. So verkauften und verkosteten wir wochenlang mit einem fröhlichen Prost die Törtchen über die Bäckertheke hinweg an ein großes Publikum.

Als ich mich in dieser Zeit näher mit dem Vogelstrauß beschäftigte, fand ich es unglaublich spannend, welches Universum sich mir auftat. Ich war zutiefst verblüfft über dieses besondere Tier: Zwar kann der größte Vogel der Welt nicht fliegen, doch laufend bringt er es auf eine Geschwindigkeit von sage und schreibe 75 bis 80 Stundenkilometern! Und schon allein wie der Strauß geboren wird, ist ein Wunder. Die Henne legt ihre Eier – eines davon hat die Größe von 27 Hühnereiern – in den warmen Sand und sie und der Straußenvater brüten sie etwa 39 Tage lang aus. Bestimmte Bedingungen wie Temperatur und Feuchtigkeit müssen exakt stimmen, damit sich im Ei überhaupt ein lebensfähiger Raum für das Küken entwickelt.

Von den 20 000 Poren der Eierschale sind nur 100 offen. Durch die offenen Poren beginnt das Ei im Lauf der Brutzeit ein wenig auszutrocknen, wodurch die Luftblase entsteht, die man auch vom Hühnerei kennt. Wenn das Vogeljunge nach 39 Tagen dann schlüpfbereit ist, durchstößt es mit all seiner Kraft die Kutikula – die Eihaut –, um den Kopf in die kleine Luftblase zu stecken. Hier hat es für 24 Stunden Sauerstoff zur Verfügung, um seine Lungenfunktion zu entwickeln und lebensfähig zu werden. Doch da es im Gegensatz zu Hühnerküken keinen Eizahn auf dem Schnabel hat, ist das Straußenjunge in dem massiven Ei wie gefangen – die Schale ist unglaublich hart und kann vom Jungtier allein nicht aufgebrochen werden. Das Küken da drin ist fast am Ersticken. In seinem Wunsch zu leben, bäumt es sich auf und versucht, in die Freiheit zu gelangen. Aber die Schale bleibt undurchdringlich.

Doch dann passiert etwas völlig Erstaunliches – ein noch unerforschtes Phänomen: Der Straußenvater, der in den Wochen zuvor die vielen Eier immer wieder gewendet und bebrütet hat, spürt genau, wann welches Küken schlüpfbereit ist. Er kniet sich vor das Ei, beugt seinen Oberkörper hinunter und knackt mit seinem Brustpanzer die harte Schale an. So bekommt der kleine Strauß Sauerstoff und die Kraft, ins Leben und in die Freiheit durchzubrechen. Dort sieht er dann seinen Vater, von dem er vorher noch gar nichts gewusst hatte.

Manchmal fühle ich mich in meinem Leben wie so ein Straußenküken im Ei. Da erlebe ich meine persönlichen Begrenzungen und wegen der Aufgabenflut, der Lebenssituation oder meiner prägenden Lebenserfahrungen scheint die Lage aussichtslos. Doch dann kommt der himmlische Vater von außen, den ich noch nie gesehen habe, den ich nicht beweisen kann, der aber schon immer für mich gesorgt hat – und der weiß, in welchem Moment ich Hilfe brauche. Mit größter Behutsamkeit knackt er die Schale, die mir die Luft nehmen will, und ich kann wieder aufatmen und in die Weite des Lebens hinaustreten.

Über diesen Zusammenhang habe ich schon öfter gesprochen und gepredigt und Menschen eingeladen zu einem Leben mit diesem Vater. Einmal kam der Straußenfarmer sogar sonntags mit in die Kirche und briet im Anschluss Straußenbratwürste. Im Gottesdienst erzählte ich diese wunderbare Geschichte vom Straußenküken und seinem Vater und erklärte, was das mit uns und Gott zu tun hat.

Um die Geschichte zu veranschaulichen und vor allem, um zu zeigen, wie unglaublich hart so eine Straußeneierschale ist, habe ich ein Kind, das sich freiwillig meldete, auf das rohe Straußenei gestellt. Alle hatten Angst, es würde zerbrechen – doch nichts geschah. Als Höhepunkt stellte ich mich dann selbst darauf! Manche der schockierten Gottesdienstbesucher hielten sich die Augen zu. Doch das Ei hielt auch meine fast drei Zentner aus!

FISCHWOCHEN BEIM BÄCKER

In unserer Bäckerei haben wir immer wieder Aktionswochen und Events, die den Menschen den Wert von Brot und besondere Bäckereiprodukte nahebringen sollen. Am meisten liebe ich es, wenn „Cross-Marketing" im dreifachen Sinne gelingt: mit knusprigen, krossen Backwaren, wenn noch weitere Partner dabei sind und wenn mein christlicher Glaube Teil davon ist. Eine Aktion, die uns – wie ich finde – besonders gut gelungen ist, waren die „Fischwochen beim Bäcker".

Dabei haben wir in einem Aktionszeitraum im Sommer Backwaren aus Teig angeboten, die aussahen oder hießen wie Fische. Zum Beispiel die Schillerlocke, die sowohl ein Fisch ist als auch ein leckeres, mit Sahne gefülltes Blätterteiggebäck. Wir legten Hörnchen in eine Fischform, die so aussah wie die Fischaufkleber auf dem Auto, boten eine Seezunge aus Teig an oder Brot in Pollerform wie die Holzpfähle, die man im Meer sehen kann. Das war unsere „Pollerkruste". Wir strickten also ein Sortiment von fünf bis sechs Artikeln mit Bezug zu Fisch.

Damit die Aktion bekannt und erfolgreich werden konnte, entwarfen wir tolle Plakate, die wir den Filialen zur Verfügung stellten. Zusätzlich rief ich unter den Mitarbeitern einen Wettbewerb aus für die schönste Fischdekoration im Laden. Nicht wenige unserer Mitarbeiter fahren im seenreichen Brandenburg in ihrer Freizeit gerne Boot oder sind leidenschaftliche Angler. Es war unglaublich, was da zusammenkam an Equipment und Ausstaffierung. Den Preis des Wettbewerbs gewann eine Filiale, in der eine Mitarbeiterin selbst begeisterte Wassersportlerin ist – der Verkaufsraum war geschmackvoll mit Fischernetzen und Schiffspositionslampen dekoriert, sogar ein Surfbrett hing von der Decke.

Gefallen daran hat mir, dass es nicht nur „die Idee vom Chef“ war, sondern sich die Mitarbeiter selbst einbrachten, Leute nachfragten und die Verkäuferinnen einen persönlichen Bezug zur Aktion hatten. Außerdem konnten wir einen Fischer dafür gewinnen, an einigen Tagen vor unseren Filialen Fisch zu räuchern und zu verkaufen. Was er übrigens bis heute zwei Mal pro Woche an unterschiedlichen Standorten tut.

Um die Fischwochen so richtig anzuheizen, gingen wir Cross-Marketing-Partnerschaften ein – sowohl mit einem großen Angelfachmarkt aus unserem Ort als auch mit einem Anbieter von Angelreisen. Für eine Saison riefen wir die Mitglieder der 72 Angelvereine unseres Landkreises dazu auf, an einem Wettbewerb teilzunehmen: wer – in verschiedenen Kategorien – den größten Fisch aus dem Wasser zieht. Hierfür sprachen wir die Vorstände der Angelvereine an und suchten die Medienpartnerschaft einer großen regionalen Zeitung, die immer über die neusten Fänge berichtete. So wurden die Fischwochen mit dem Bäcker und seinen Partnern in der Region schnell bekannt.

Wir für unseren Teil waren glücklich, dass sich die Fisch-Backwaren gut verkauften, für die Anglerfreunde aus der Region war es erfreulich, dass sich jemand aus der Wirtschaft um sie kümmerte. Immer wieder gab es Veranstaltungen bei uns auf dem Platz vor der Bäckerei am Holzbackofen. Da stellten sich zum Beispiel die Karpfenfreunde vor. Sie errichteten mit Zelten ein Mustercamp auf der Wiese, zeigten ihre Angeltechnik und demonstrierten die Herstellung ihrer Köder. Als gute Gastgeber sorgten wir natürlich für das leibliche Wohl der Angler, stellten aber auch die Zutaten für ihre Boilies – die Karpfenköder. Diese runden Kugeln bestehen aus Mehl, Eiern, Aromen und Gewürzen – allesamt Zutaten, die in einer Bäckerei leicht zu finden sind. Mich faszinierte die Leidenschaft dieser Angler und ich war beeindruckt von der Tiefe an Wissen und Erfahrung, die dahintersteckte. Mich in dieses Fachthema hineinnehmen zu lassen, war sehr spannend, und mir – wie vielen der Zuschauer – tat sich ein ganz neues Universum auf.

Zum Saisonabschluss der Angler fand der Höhepunkt der Fischwochen statt, bei dem auch Vertreter der meisten der 72 Angelvereine unseres Landkreises anwesend waren. Die über Wochen in der Zeitung begleiteten großen Fänge wurden nun geehrt und wir überreichten die Preise: Der 1. Platz erhielt eine Angelreise des spezialisierten Reiseanbieters, der 2. Platz konnte sich über ein tolles, hochwertiges Equipment des Anglerfachmarkts freuen und der 3. Platz erhielt alles, was es für eine tolle Anglerparty braucht an Backwaren aus dem Hause Plentz.

Bei der Siegerehrung erzählte ich den Anglern – aus der Position des Sponsors und Initiators der Aktion – von meiner Motivation, warum ein Bäcker Fischwochen macht: dass ich Bäcker und engagierter Christ bin. Dazu erzählte ich von der alten Symbolik des Fischs, das als Erkennungszeichen der frühen Christen galt, und von der Bedeutung des griechischen Wortes Ichthys – Fisch, dessen Initialen für „Jesus Christus, Gottes Sohn und Retter“ steht.

Für mich war es besonders stark zu erleben, wie ich vor vielen Menschen von meinem Glauben erzählen konnte. Mir bereitete es große Freude, in dieser Form Cross-Marketing zu leben und den Anglern aus unserer Region auf Augenhöhe zu begegnen. Und durch Aktionen wie diese können wir umsetzen, was meine Frau und mich viel bewegt: Wie wir in der Öffentlichkeit zu unserem Glauben stehen und davon erzählen können. Die Fischwochen waren eine wunderbare Möglichkeit dazu.

DEUTSCHLANDS BESTER BÄCKER

Wir Bäcker sind immer ein bisschen neidisch, wenn wir in den Medien und in der Öffentlichkeit sehen, welchen Stellenwert die Köche in Deutschland genießen. Sie treten mit ihren schicken weißen Jacken und hohen Kochmützen in verschiedenen Fernsehshows auf und haben ein breites Publikum von kulinarischen Liebhabern, die vor dem Fernseher dahinschmelzen.

Ich glaube, Backen ist auch so eine hohe Kunst. Immerhin sind wir Deutschen Weltmeister im Backen: Zusammen mit der Deutschen Bäckerinnung haben wir festgestellt, dass es in unserem Land über 3200 verschiedene Brotrezepte gibt! Diese Vielfalt entstand durch die historische Kleinstaaterei in deutschen Landen, aber auch die regionalen Bodenverhältnisse und das Getreide, das jeweils angebaut werden konnte, spielten eine wichtige Rolle. Bei uns im märkischen Boden wächst vor allem der typische Roggen, in Süddeutschland hat unter anderem der Dinkel eine höhere Präsenz. Mit dem Alleinstellungsmerkmal dieser Vielfalt an Rezepten haben wir deutschen Innungsbäcker das deutsche Brot inzwischen bei der UNESCO als immaterielles Kulturerbe angemeldet. Es wird sich noch zeigen, ob es aufgenommen wird.

Nun gab es aber 2014 die große Chance für Deutschlands Bäcker, ihre Kunst auch im Fernsehen einer breiten Öffentlichkeit live zu präsentieren: Der bekannte Star- und Fernsehkoch Johann Lafer hatte zu einer neuen TV-Show um den Titel „Deutschlands bester Bäcker“ eingeladen. Bei der ersten Staffel dieses Backwettbewerbs wurden aus 1500 Bewerbern 72 Bäckereien ausgewählt, die innerhalb von sechs Wochen gegen verschiedene regionale und deutschlandweite Konkurrenten antreten und sich der harten Kritik einer Fachjury stellen mussten.

Bei der zweiten Staffel im Jahr 2015 hatten Kunden von uns und auch die Bäckerinnung uns beim ZDF empfohlen, woraufhin der Fernsehsender uns um unsere Bewerbung bat. Ehrlich gesagt hätten wir uns von selbst nicht unbedingt beworben – einmal, da wir mitten im Umbau für das „Haus des Brotes" in Velten waren. Aber auch, weil wir nicht wussten, was uns bei so einer Back-Castingshow erwarten würde, ob wir würdig und am Ende gut genug wären, so einen Wettbewerb zu bestreiten. Trotzdem wagten wir es und erhielten prompt die Zusage, dass wir als Bäckerei als einer der Vertreter Brandenburgs an diesem Wettbewerb teilnehmen durften. Jetzt wurde es spannend.

In der ersten Runde kam die Jury mit ihren Kamerateams in alle Bäckereien und stellte damit dem Fernsehpublikum die Bäckervielfalt Deutschlands vor: große und kleine Bäckereien, Spezialisten, solche, die Allergikerbrot backen – und auch unser Haus. Unsere Tagesaufgabe war es, etwas aus unserem Repertoire zu backen, während wir gefilmt wurden. In der eigenen Backstube und mit Routine eine unserer Spezialitäten zu backen, war für uns nicht schwer. Wir ließen uns nicht lumpen und präsentierten nach wenigen Stunden fröhlich frisch dampfendes Holzofenbrot aus dem Holzbackofen. Wir waren bester Dinge, lief doch alles wie am Schnürchen.

Doch mit dem scharfen Wind, der uns von der Jury entgegenwehte, hatten wir nicht gerechnet: Vor laufenden Kameras falteten sie uns ziemlich empört zusammen, dass es doch nicht sein könne, dass wir ihnen noch warmes Brot servierten! Da könne man doch gar nicht richtig schmecken! Wir müssten uns schon einstellen auf sie und ihre Bedingungen! Nach dieser Ansage war unsere Freude erst mal rasch verflogen und wir fühlten uns ganz klein mit Hut.

Dann sollten wir Splitterbrötchen backen, die wir in Dresden gegen die Konkurrenz aus Berlin und Brandenburg vorzeigen sollten. So reisten wir mit unserem ausgewählten Viererteam in die sächsische Landeshauptstadt: drei Bäcker und eine Konditorin. Die fertig gebackene, typisch brandenburgische Spezialität präsentierten wir schick herausgeputzt in historischen Outfits. Als am Abend das Urteil der Jury fiel, konnten wir unser Glück nicht fassen: Wir hatten tatsächlich die Mitbewerber aus Berlin und Brandenburg auf die Plätze verweisen können und den Tagessieg errungen. Damit waren wir eine Runde weiter.

Wie das bei Turnieren so ist, sollten die Bedingungen in der nächsten Runde schwieriger werden. Nun hatten wir als Sieger der ersten Woche die anderen Bäcker aus ganz Ostdeutschland mit am Tisch und mussten nicht in unserer eigenen, sondern in der sächsischen Bäckerfachschule in Dresden backen. Diesmal wurden uns mehrere Aufgaben gestellt, wobei wir uns an den herausfordernden Vorgaben orientieren mussten. Wir konnten nicht auf eigene Rezepte zurückgreifen.

Gefordert waren: ein gefüllter Bienenstich und handgedrückte Kaiserbrötchen. Da schwitzten wir ganz schön, um alles hinzukriegen. Die Kaiserbrötchen ohne Stempel in Form zu bringen und den Teig von Hand so zu falten, dass ein Stern entsteht, war wirklich schwierig. Und natürlich alles vor laufenden Kameras, die unser Handwerk aus jedem Blickwinkel einfingen.

Am Ende waren wir vier sehr froh und erleichtert, dass uns alles geglückt war. Da kam ein Kamerateam in unsere Runde und fragte: „Und, Bäcker Plentz, was meinen Sie, werden Sie sich durchgesetzt haben?“ Na ja, da gab es schon die Bedenken, dass der Pudding mit dem Sahnemix in der Gefahr gestanden hatte wegzulaufen – mit der Kühlung hatten wir es dann doch noch geschafft. Außerdem hatten wir gesehen, mit welchem Schneid die Kollegen aus Sachsen, Sachsen-Anhalt und den anderen neuen Bundesländern bereits ihre Produkte vorgestellt hatten. Ob wir uns gegen sie würden durchsetzen können?

Dann fasste sich mein Schwager, Bäckermeister Steffen Hänsch, ein Herz und antwortete besonnen vor laufender Kamera: „So viel kann man sagen – wir haben heute unser Bestes gegeben. Doch es liegen wohl 50 Prozent am Backen und der Fertigkeit in unserem Handwerk. Die anderen 50 Prozent haben wir nicht in der Hand. So sind wir sehr froh, dass wir heute Morgen den Tag mit einem Gebet gestartet und Gott um seine Hilfe gebeten haben – in seiner Hand ist es, ob wir als Beste abgeschnitten haben oder nicht."

Tatsächlich wurde sein mutiges Statement, bei seiner Arbeit auf Gott zu vertrauen, gesendet. Und umso mehr haben wir gejubelt und wie so manch christlicher Fußballstar unsere Hände zum Himmel erhoben, um Gott ein Dankeschön zu sagen, als wir als Sieger der neuen Bundesländer gekürt wurden! Es war unglaublich und wir waren einfach nur glücklich.

Nun stand uns Preußen also die Reise nach München zu unseren bayerischen Konkurrenten bevor. Wir befanden uns jetzt auf einer noch härteren Stufe, was die kniffligen Aufgaben und Bedingungen anging. Dazu kam, dass wir für die Filmaufnahmen, die über einen längeren Zeitraum stattfanden, zweimal die Woche nach Bayern fliegen mussten. Das bedeutete, vorzuarbeiten, nach einer kurzen Nacht einen frühen Flieger in den Süden zu besteigen und dann am Wettbewerb teilzunehmen. Das war auch für unsere Fitness eine ganz schöne Herausforderung.

In München standen wir dann unseren neuen Gegnern gegenüber: bayerischen Burschen vom Starnberger See, mit viel Selbstbewusstsein und hochgekrempelten Ärmeln. Wir erhielten insgesamt drei Aufgaben, bei denen wir gegeneinander wettbacken mussten. Äußerst glücklich waren wir, dass die Aufgaben, die uns gestellt wurden, ganz gut zu uns passten.

Eine davon war: Wir sollten für einen Kindergeburtstag backen. Als fünffacher Vater war ich ganz gut darin trainiert, leckere, tolle Kindertorten mit bunten Farben zu zaubern. So entschieden wir, eine König-der-Löwen-Torte zuzubereiten, was auch das Gesellenstück unserer Konditorin gewesen war. Unter großer Anspannung begannen wir zu backen, tauschten uns aus – immer unter dem Blick der vier Kameras, die keine unserer Bewegungen unbeobachtet ließen.

Als wir uns über das Rezept unterhielten, forderte uns einer der bayerischen Herausforderer in breitem Dialekt heraus: „Wos, ihr Preiß'n, ihr orbeit's no mit Rezept? Mia Bayern orbeitn noch Baachgfüühl." Für die Kameras war das natürlich ein gefundenes Fressen, wie dieser bayerische breitschultrige Backbär mit seinem Riesenbauch die Preußen provozierte. Augenzwinkernd antwortete ich ihm: „Wenn wa so große Bäuche hätten wie die bayerischen Bäcker, könnten wa och nach Bauchjefühl backen!" Der Schlagabtausch endete in ausgelassenem Gelächter. Zumal ich ja auch nicht gerade hager bin …

Schließlich kam es zum spannenden Finale, doch wir zitterten: Unser Marzipan-Simba auf der Torte – traumhaft von unserer Konditorin modelliert – fing bedrohlich an, mit seinem schweren Kopf zu nicken. Unsere Sorge wuchs, dass der Löwenkopf abfallen würde, bevor die Jury uns bewertet hätte. Also fixierten wir ihn kurzerhand in einem von der Kamera unbehelligten Moment heimlich mit einem Zahnstocher. Uns war natürlich bewusst, dass man keine Kindertorte mit einem spitzen Holzspieß spicken sollte.

Beim großen Showdown bekam jeder sein Lob, der Löwe allerdings wurde arg kritisiert. Obwohl sie traumhaft schön war, galt die Torte als unverkäuflich – wegen des entdeckten Zahnstochers. Das war natürlich ein Dämpfer. Doch wir setzten uns schlussendlich trotzdem mit einem 2:1-Sieg gegen die bayerischen Kollegen durch. Mit großer Wertschätzung, die während des Backwettbewerbs gewachsen war, verabschiedeten wir uns als gute Freunde und verabredeten uns zu späteren Besuchen.

Wir waren nun noch eine Runde weiter – trotz der Zahnstocher-Episode. Doch diese löste eine riesige Lawine in den Sozialen Medien aus, die Emotionen entluden sich, dass unsere traumhafte Torte nur wegen eines Zahnstochers nicht bewertet worden war. Ich war wirklich überrascht, wie viele Menschen plötzlich zu ihrem Bäcker standen. Manche Posts auf Facebook erhielten über 30 000 Klicks und viele Kommentare. Für diesen ungeahnten Rückenwind für unsere Bäckerei und unser Geschäft waren wir enorm dankbar.

Relativ gelassen gingen wir dann das zweite Halbfinale an, obwohl die Luft nun wirklich dünn wurde. Unter anderem backten wir hier gegen Mitglieder der deutschen Bäcker-Nationalmannschaft, die natürlich mit großer Professionalität, Erfahrung und Routine an solche Turniere herangehen. Die Aufgaben wurden sehr schwer: Da wurde uns beispielsweise ein fertig gebackenes gelbes Baguette auf den Tisch gelegt. Daneben alle möglichen Zutaten. Die Herausforderung lautete: „Wer das am besten nachbackt, ist der Sieger." Wir vier aus unserem Team guckten uns das Baguette genau an, überlegten, was da drin sein könnte, wie das gebacken worden war. Die Profis dagegen schauten erst gar nicht, sondern setzten sofort Baguetteteig an, damit er so lange wie möglich stehen konnte – denn das französische Stangenweißbrot lebt von der Länge der Gehzeit. Dann erst kosteten sie und schauten, was noch alles drin ist, und gaben die anderen Zutaten am Ende hinein.

Damit erreichten sie mit ihrer Turniererfahrung ein besseres Ergebnis als wir. Zu Recht hatten die guten und erfahrenen anderen Mitstreiter uns damit auf den siebten Platz verwiesen. Dennoch fuhren wir glücklich nach Hause. Die Resonanz aus den Sozialen Medien zeigte uns, dass wir vielleicht so etwas wie die „Bäcker der Herzen“ geworden waren.

5000 BROTE

Agnes und mir war immer wichtig, dass wir nicht nur sonntags Christen sind, sondern im Alltag unseren Glauben leben. So sind wir stetig auf der Suche nach kreativen Wegen für die Bäckerei, unsere Produkte und Aktionen, wie wir Licht der Welt sein oder ganz praktisch Brot des Lebens verteilen können.

Als ich 2012 von der Idee „5000 Brote – Konfis backen für die Welt“ hörte, die hessische Bäcker und die evangelischen Kirchen dort ins Leben gerufen hatten, war ich begeistert. Das Konzept war so einfach wie genial: Regionale Bäcker waren eingeladen, im Herbst mit den Konfirmanden aus dem Ort zusammen Brot zu backen, das dann im Erntedankgottesdienst zugunsten von „Brot für die Welt“ verkauft wurde. Die Aktion war benannt nach der biblischen Geschichte, in der Jesus mit fünf Broten und zwei Fischen 5000 Menschen satt macht – und am Ende sogar noch zwölf Körbe voll übrig sind. Ein geniales Bild für den Segen des Teilens.

Ich hatte Feuer gefangen und setzte mich in meiner Funktion als Berliner Landesöffentlichkeitsbeauftragter des Bäckerhandwerks stark dafür ein, dass diese Aktion weiter vorangetrieben und auch auf Bundesebene gebracht wurde. Bei der Pressekonferenz sorgte ich mit einer gebackenen 5000 und unabgesprochen eingemehlten Konfirmanden dafür, dass lebendige Fotos entstanden, auf denen nicht nur Schlipsträger zu sehen waren. (Ich hatte einen verschlossenen Eimer Mehl mitgenommen, mit dem sich die begeisterten Konfirmanden kurz vor dem Termin gegenseitig die Gesichter eingepudert hatten …)

Wir machten weitere Kick-off-Veranstaltungen mit verschiedenen Konfirmanden aus der Region und stellten die Idee unter anderem in Berlin vor, dort zusammen mit dem Ratsvorsitzenden der Evangelischen Kirche in Deutschland (EKD), Nikolaus Schneider. Dann schrieben wir alle Kollegen, das heißt, alle deutschen Innungsbäcker, sowie die evangelischen Kirchen in Deutschland an und ermutigten sie, sich an der Aktion „5000 Brote“ zu beteiligen. 2014 fand dann die erste bundesweite Aktion statt. Federführend waren dabei der Zentralverband des deutschen Bäckerhandwerks in Zusammenarbeit mit der EKD und der Arbeitsgemeinschaft Handwerk und Kirche.

In unserer Bäckerei hatten sich mehrere Konfirmandengruppen angemeldet. Als sie dann an einem Samstag frühmorgens mit dem Pfarrer zu uns in die Backstube kamen, waren sie vom Unterricht schon mit der biblischen Geschichte der Speisung der 5000 vertraut. Noch etwas müde wurden sie eingekleidet mit Schürze und Mütze und ich gab ihnen eine kleine Einführung zu Brot – dass es Zeit braucht und seine Zyklen hat mit Ruhen und Verarbeitung.

Nach diesen Worten schritten wir endlich zur Tat: Die Konfirmanden durften selber Hand anlegen, wogen den Brotteig ab, formten ihn zu Laiben, legten diese auf Tücher, damit sie erst einmal gehen konnten. Lustige Bilder entstanden, als der extrem klebrige Brotteig den Konfis an den Händen haften blieb. Um sich von ihm zu befreien, zogen sie ihn vergeblich von einer Hand in die andere, als würden sie eine Quetschkommode bedienen. Es war ein großer Spaß!

In der Wartezeit gab es, wie es sich in einer Bäckerei gehört, auch etwas zu naschen – wir hatten einen großen Butterstreuselkuchen da, an dem sich alle genüsslich bedienen konnten. Schließlich wurden die aufgegangenen Brote auf die Backbleche gelegt und jetzt durfte jeder sein Brot individuell verzieren: mit Kreuzen, christlichen Symbolen, auch Herzen waren dabei oder die Initialen der Oma. Dann schoben wir die Brote gemeinsam in den riesigen Bäckereiofen.

Den Moment, die fertig gebackenen Werke aus dem Ofen zu holen, zelebrierten wir regelrecht: Jeder balancierte mit dem riesigen hölzernen Schieber sein Brot aus der Hitze. Bemehlt, mit Teig verklebt und glücklich nahmen die Jugendlichen dann ihre fertigen Kunstwerke mit nach Hause, um sie am folgenden Tag im Erntedankgottesdienst in ihrer Kirche zu verkaufen.

Die Predigt lud dazu ein, sich darauf zu besinnen, wie viel Grund wir doch zur Dankbarkeit haben. Wie viel wir haben und dass wir teilen können. Im Anschluss standen die Jugendlichen dann voller Freude hinter den Verkaufstischen und brachten ihre Brote an den Mann und die Frau. Natürlich hatten insbesondere die Eltern oder Großeltern großes Interesse daran, das Selbstgebackene ihres Zöglings zu erwerben. Den Erlös der verkauften Brote spendeten die Konfirmandengruppen an „Brot für die Welt" – und teilten damit ganz praktisch.

Im ersten Jahr hatten bundesweit 900 meiner Bäckerkollegen bei der Aktion mitgemacht, über 10 000 Konfirmanden backten mit und „Brot für die Welt" erhielt Spenden in Höhe von mehreren 100 000 Euro. Von Herzen gern habe ich diese Aktion unterstützt. Gefreut hat mich, dass sich neben christlichen Bäckerkollegen auch viele beteiligt haben, die den Glauben nicht teilen, aber die Idee toll fanden. Und sie letztlich auch in Berührung mit der Kirche und dieser wundervollen biblischen Geschichte gekommen sind.

„5 000 Brote" ist ein weiteres super Beispiel für „Cross-Marketing". Es erfüllt mein Herz, wenn ich über die Grenzen unserer Bäckerei hinaus arbeiten und Jesus und seine Prinzipien bekannt machen kann. Hier konnten wir wieder wunderbar Kontakt zu Menschen in unserer Region knüpfen, durch das eigene Handanlegen der Konfirmanden in der Backstube entstand Wertschätzung und Dankbarkeit für Brot. Und nicht zuletzt wurden Menschen eingeladen zu teilen.

Dabei ist diese Aktion besonders genial, da sie eine klare Win-win-Situation darstellt: Für die Bäcker ist es ein überschaubarer Aufwand, die Rohstoffe und die Backstube zu stellen. Der Effekt von Sichtbarkeit ist immens, da es eine gute Öffentlichkeitsarbeit darstellt. Außerdem haben die Bäcker eine tolle Chance, beim potenziellen Nachwuchs für ihren Beruf zu werben und ihn vorzustellen. Und nicht zuletzt lag der Idee der soziale Gedanke zugrunde: gutes Tun und darüber sprechen.

Bei uns klappte die Nachwuchsrekrutierung prompt: Einer der Konfirmanden – sogar der Sohn des Pfarrers! – fing bei uns eine Ausbildung an. Im September 2018 wurde ihm bei einer Feier im Schloss Oranienburg sein Gesellenbrief überreicht. Einfach genial!

Seitdem findet diese tolle Aktion bei uns jedes Jahr statt. Darüber hinaus beteiligten wir uns als Bäckerei noch an weiteren Veranstaltungen wie 2017 am Havelländischen Kreiskirchentag in Falkensee mit hoher politischer Prominenz, Musik und mehreren Hundert Gästen. Eines der vielen Angebote des Kirchentages war das Brotbacken mit Konfirmanden. Das Brot wurde unter anderem auf der Abschlussveranstaltung symbolisch untereinander geteilt. Bei dieser Gelegenheit ergaben sich viele Kontakte in die hohe Politik, wir konnten zahlreichen Abgeordneten das Projekt vorstellen, schenkten ihnen Brot, einigen übergab ich auch ein Neues Testament für den Dienstwagen und konnte für manche beten – um Weisheit, dass sie ihre übertragene Verantwortung gut ausfüllen.

MARTINS APFELBROT

Im Jahr 2017 feierte Deutschland 500 Jahre Reformation. Dieses Jubiläum bot eine tolle Chance, sich einmal genauer damit zu beschäftigen, was in dieser Zeit in Deutschland alles passiert ist. Auch wir wollten mit einem Produkt aus der Bäckerei auf das Jubiläum aufmerksam machen.

Wichtig für den Erfolg einer neuen Backware ist auch immer die Emotion, die Geschichte dahinter. So hatten wir uns als Team Ende 2016 Gedanken gemacht und schließlich entschieden, dass wir – in einer Zeit, in der immer mehr Menschen unter Allergien und Unverträglichkeiten leiden – ein neues Dinkelbrot mit Bezug zum Lutherjahr entwickeln. Wie wir feststellen sollten, passte auch die Wahl des Korns gut in die Zeit, da das Dinkel-Vollkornbrot zum Tag des deutschen Brotes 2017 zum „Brot des Jahres" ernannt wurde. Um eine schöne Saftigkeit in unser Brot zu bekommen, hatten wir uns entschlossen, Äpfel in den Teig zu mischen – und somit eine Brücke zum bekannten (wenn auch nicht verbürgten) Lutherzitat zu schlagen: „Auch wenn ich wüsste, dass morgen die Welt zugrunde geht, würde ich heute noch einen Apfelbaum pflanzen."

Nun gingen also die Backversuche los. Zugegebenermaßen quälten wir uns in diesem Fall enorm, bis das Produkt endlich stand – wir waren schon fast müde vom Kauen und wiederholten Probieren: Mal war das Brot zu trocken, mal zu fade und nichtssagend. Das hatten wir uns einfacher vorgestellt! Für den richtigen Biss brauchten wir, wie wir erst später erkannten, saure Äpfel. Aber so ein richtig schöner Boskop war in Brandenburg gar nicht so leicht zu bekommen – und wir wollten unbedingt mit regionalen Bauern zusammenarbeiten.

Der Zeitdruck für das Brot wurde immer größer – und das mitten in der verrückten Weihnachtszeit. Nach bestimmt zehn erfolglosen Runden des Backens mussten wir uns enorm bemühen, die gute Laune zu behalten und unseren Bäckermeister nicht zu sehr unter Dampf zu setzen. Doch schließlich hatte mein Schwager Steffen Hänsch ein tolles, saftiges Apfelbrot entwickelt, auf dessen Oberseite ein schöner Apfelaufleger aus Teig prangte. Und es schmeckte uns allen fantastisch! Da fiel uns wirklich ein großer schwerer Apfel vom Herzen!

Um mit „Luther" nicht markenrechtlich in ein Fettnäpfchen zu treten, nannten wir unsere Kreation „Martins Apfelbrot". Unsere Idee war, nicht nur das Brot zu bewerben, sondern den Kunden auch ein paar Zeilen mitzugeben, die erklärten, wofür Luther mit seinen Ideen gestanden hatte. Die Reformationsbotschafterin Bettina Wulff hatte einen treffenden Text geschrieben, der ein pragmatisches und tiefgründiges Verständnis über Reformation bot. So holte ich die Erlaubnis ein, diesen Text zu verwenden, und fügte hier und da noch persönliche Ergänzungen ein. Mutig und gewappnet gingen wir also mit unserem Apfelbrot und einem rustikalen Flyer auf die Internationale Grüne Woche in Berlin – eine große Messe für landwirtschaftliche Erzeugnisse, bei der wir jedes Jahr auch unsere neuen Produkte vorstellen.

Natürlich waren wir wie immer in historischen Bäckerkostümen vor Ort, doch diesmal hatten wir uns noch etwas ganz Besonderes ausgedacht: Hans Lufft, der „Bibeldrucker" aus der Lutherzeit, war mit von der Partie. Er wurde von einem Berufsschullehrer aus Oberkrämer gemimt, natürlich in entsprechender mittelalterlicher Kluft. Das passte auch deshalb so gut, weil jener Lehrer ein leidenschaftlicher Sammler alter Druckerpressen ist und ein regelrechtes Depot in einer seiner Scheunen hat, das man als Ausstellung besuchen kann. So waren die Attraktionen an unserem Stand eine historische Gutenbergpresse, die wir extra geliehen hatten, und unser historischer Hans Lufft, der den interessierten Leuten den Druckmechanismus erklärte.

Im Vorfeld hatte ich auch die Medien und die Staatskanzlei Berlin angeschrieben und sie eingeladen, mit ihren Ehrengästen im Lutherjahr an unseren Stand zu kommen. Jeder hatte dort die Möglichkeit, den folgenden Bibelvers wie in Luthers Zeiten auf handgeschöpftes Papier zu drucken: „Gott hat die Welt so geliebt, dass er seinen eingeborenen Sohn gab, damit jeder, der an IHN glaubt, nicht verloren gehe, sondern ewiges Leben habe“ (Johannes 3,16). Auf der Grünen Woche erregten diese alte Presse und das Drucken ordentlich Aufsehen. Die Menschen kamen zu Tausenden und verkosteten genüsslich unser Brot. Begeistert stellten wir fest, dass sich unser langes Probekauen und die unermüdlichen Backversuche unseres Bäckermeisters allemal gelohnt hatten! Die meisten Besucher legten beim Bedienen der historischen Druckerpresse mit Hand an und konnten sich am Ende – neben einem saftig-schmackhaften Laib Brot – einen Produktprospekt zu Martins Apfelbrot mit einem handgefertigten Bibelvers mit nach Hause nehmen.

Für mich war es schön, dass wir dort nicht nur leckeres Brot zum Probieren anboten und verkauften, sondern dass wir den Leuten etwas vom Brot des Lebens mitgeben konnten – Jesus Christus selbst. Mit vielen Leuten kamen wir ins Gespräch und gaben Hunderte von Gideon-Bibeln weiter. Dort an diesem Stand fühlte ich mich so richtig im Kern meiner Berufung: Bäcker zu sein, Leuten etwas anzubieten, was toll schmeckt, aber auch als Christ in der Öffentlichkeit zu stehen, auf Jesus hinzuweisen und Verantwortungsträger zu ermutigen in ihrer Verantwortung vor Gott und für andere Menschen.

DER LÄNGSTE PFLAUMENKUCHEN DER WELT

Mit großem Bedauern nehme ich wahr, wie sich so manche Kultur in Deutschland ändert. In den letzten Jahren habe ich verstärkt festgestellt, dass die Zeit zwischen Sommer und Winter ganz neu von Aktionen rund um Halloween belegt wird, das von Amerika zu uns herüberschwappt. Für mich stellte sich die herausfordernde Frage, wie ich damit umgehen sollte, auch als Vater von fünf Kindern.

Wer mich kennt, der weiß, dass ich es liebe, mich zu verkleiden, zu dekorieren und auch der Kürbis ist eine tolle Frucht. Aber als ich darüber nachdachte, welcher Wert dahintersteckt und welche Veränderung sich da vollzogen hat vom traditionellen Erntedankfest hin zu Halloween, da habe ich mich wirklich gegruselt. Von „Danke lieber Gott für die Ernte und dass wir versorgt sind" zu „Gib mir Süßes, sonst gibt's Saures" war das keine allzu schöne Entwicklung. Auch wenn dieser Spruch lustig gemeint ist, mochte ich die Grundhaltung nicht, die damit geprägt wird. Ob man dankt oder fordert. Ich konnte mich so gar nicht mit diesem Kult identifizieren. Auch nicht mit seinem Hintergrund als heidnisches Totenfest.

Erntedank war mir wichtig und so wollte ich mich umso mehr für diese wunderschöne Tradition einsetzen, gerade im ländlichen Raum. So beteiligten wir uns mit der Bäckerei über Jahre an unterschiedlichsten Erntedankfesten – sei es mit einem Stand oder Wagen, an dem wir Flammkuchen, Spanferkel oder Kuchen verkauften, oder mit dem feierlichen Anschnitt einer riesigen Erntetorte aus eigenem Haus. Einmal war ich in der Jury des Festumzugs, um die schönsten Wagen zu bewerten, einmal Vorsitzender des Kuchenbackwettbewerbs der Landfrauen.

Oft habe ich bei Erntedankgottesdiensten mitgewirkt und sie zum Teil auch organisiert.

Als dann die Idee aufkam, den längsten Pflaumenkuchen der Welt zu backen, war es für mich naheliegend, dass auch dieses Ereignis zu einem Erntedankfest gehören sollte. Die Idee entstand mit dem Team vom TV-Magazin Galileo. Sie steckten uns mit dem Vorschlag an, einen Weltrekordversuch zu wagen: den längsten Pflaumenkuchen der Welt zu backen.

Nun war der Einfall sehr reizvoll, doch es galt, viele Herausforderungen zu überwinden. So ein irre langer Pflaumenkuchen bedeutet einen riesigen logistischen und zeitlichen Aufwand; außerdem will man mit Lebensmitteln auch verantwortlich umgehen und nicht nur zum Spaß ein Backwerk herstellen, das man am Ende wegschmeißen muss. Diese Hürden mussten genommen werden.

Im Laufe der Zeit entwickelte sich ein schönes und immer stimmigeres Konzept in meinem Kopf. Ich würde auch hier auf perfektes Cross-Marketing setzen und mir Partner suchen für eine Win-win-Situation. So ging ich zu einem nahe gelegenen Gymnasium und klopfte bei der Direktorin an. Durch die verschiedenen Aktionen, die wir bereits mit und für die Schule gemacht hatten, standen mir ihre Türen bereitwillig offen. Mein Vorschlag war: Ich lade den diesjährigen Abiturjahrgang ein, mit uns den größten Pflaumenkuchen der Welt zu backen, und spende 1000 Euro in die Abiballkasse. Alle fanden die Aktion super. Für die Betriebswirtschaftler unter den Lesern: Das war natürlich ein profitabler Coup – da hatte ich mal schnell für zwei Tage 90 Mitarbeiter gewonnen und das für 1000 Euro.

Das Problem mit den Helfern hatte ich also gelöst. Eine andere Problematik war, wie man einen so langen Tisch aufgestellt bekommt. Hierfür sprach ich die Chefs des Baumarkts aus dem Nachbarort an und konnte sie als Sponsoren gewinnen. Sie spannen Ideen, wie sie einen so endlosen Tisch zusammenschrauben konnten.

Blieb noch die Frage nach den Kuchenblechen: Sämtliche Bleche aus unserem Betrieb hätten nicht für diesen riesigen Kuchen gereicht. Also sprach ich einen Kollegen aus einer sehr großen Berliner Bäckerei an, der mir schmunzelnd noch ein paar Hundert Backbleche auslieh – insgesamt brauchten wir 640 Stück.

Das Fernsehteam setzte darauf, auch von der Pflaumenernte vorab ein paar schöne Bilder von den Abiturienten und uns einzufangen. Doch dummerweise war die Pflaumenernte in Brandenburg zu dieser Zeit schon recht weit vorangeschritten und es hingen nicht mehr allzu viele Pflaumen an den Bäumen. Witzelnd überlegten wir, ob wir nicht einfach ein paar Früchte an die Zweige nähen könnten, um hier und da ein hübsches Pflückbild zu bekommen. Doch dann stießen wir auf eine späte Sorte und konnten in einer brandenburgischen Obstplantage reichlich Pflaumen ernten.

Während den männlichen Abiturienten die Aufgabe übertragen wurde, am kommenden Tag unter anderem den riesigen Tisch für den Kuchen aus Klappböcken und Fußbodendielen zu zimmern, rückten nun 40 adrette Abiturientinnen in die Backstube ein und packten fleißig mit an. Ab jetzt lief die Zeit – wir hatten 24 Stunden. In einer generalstabsmäßig organisierten Schicht in der Bäckerei entsteinten die Mädels eine Tonne Obst, rollten endlos die 600 Kilogramm Hefeteig aus, um dann die Kuchen mit den Pflaumen und den insgesamt 400 Kilogramm Streuseln zu belegen. Es ging zu wie in einer Heinzelmännchenbackstube.

Die für die Kameras schick zurechtgemachten jungen Damen lösten bei der Bäckermannschaft geradezu eine Charmeoffensive aus. Unsere Mitarbeiter waren begeistert von ihren Kolleginnen auf Zeit, sprangen hilfsbereit und mit strahlenden Augen nach hier und dort. Mit einem Schmunzeln ermunterten sie mich: „Chef, so was könnten wir öfter mal machen!" Auch die Kameras fingen wundervolle Bilder ein: geschäftige Mädels in Bäckerschürzen mit vor Eifer glühenden Wangen, bemehlten Händen oder mit einem Kuchenblech in der Hand.

Tatsächlich war nach einer gar nicht allzu langen Schicht alles im Ofen. „Verrückt, das Ganze", dachte ich mir, noch ganz aufgeputscht vom Gewusel des Tages.

Was wir nicht einkalkuliert hatten: Das Abkühlen und Schneiden der vielen Kuchen musste auch innerhalb der 24 Stunden passieren. Wir hätten noch eine Schicht am Abend gebraucht. So arbeitete ein Team unter Hochdruck und mit letzten Kräften bis tief in die Nacht hinein und brachte den Kuchen in die entsprechende Form.

Nach einer besonders kurzen Nacht fuhren wir im Morgengrauen nach Grünefeld im Havelland, wo in diesem Jahr das Landeserntedankfest stattfand. So standen wir in den ersten Sonnenstrahlen mit vielen verschlafenen Abiturienten müde auf dem Dorfanger von Grünefeld. Bevor es so richtig losging, hielt ich noch eine kleine Motivationsrede. Dabei erzählte ich den jungen Leuten, dass dieser Tag für mich begonnen hatte wie jeder andere: ziemlich früh, aber auch mit einem Gebet, in dem ich Gott um seine Hilfe gebeten hatte. Ich erklärte: Als Bäcker – oder auch in jedem anderen Beruf – braucht es Einsatz, Freude und Leidenschaft an der Arbeit, aber man hat nicht immer alles in der Hand. Jeden Tag lege ich in Gottes Hände. Wir können alles vertrauensvoll bei ihm abgeben und ihn um seine Hilfe bitten. Auch für diesen Tag.

Dann gab ich die letzten Anweisungen, wir bildeten Arbeitsteams und es konnte losgehen. Fieberhaft ging jeder an seine Aufgabe und versuchte, sein Bestes zu geben. Schließlich galt es heute, einen Weltrekord zu knacken. Dann kamen unsere Partner vom Baumarkt zum Zug: Die Mitarbeiter transportierten zig Klappböcke und gehobelte Fußbodendielen zum Festplatz, teilweise über große Umwege, da wir die Dorfstraße des 440-Seelen-Dorfes schon ziemlich vollgestellt hatten. Die Verzögerungen machten einige ziemlich hibbelig, schließlich lief die Zeit. Die Abiturienten montierten eifrig und so schnell sie konnten die Teile in mühevoller Arbeit aufeinander, sodass ein Tisch nach dem anderen entstand, den andere Jungs zum Platz trugen, um dort Tisch an Tisch zu einer großen, langen Platte zusammenzufügen. Von den vielen Akkuschraubern lag bald ein Summen über dem ganzen Dorfanger.

Am Ende musste dieses riesige Gestell noch mit Folie überzogen werden, damit alles hygienisch einwandfrei war und wir die nächste Hürde packen konnten: das Veterinäramt davon zu überzeugen, dass alles lebensmittelecht und sauber war. Das war nicht weniger eine fordernde Friemelarbeit, die einige der Mädchen und Mitarbeiter jedoch geduldig hinbekamen. Durch die Sympathie, die so eine Aktion hervorruft, begleiteten die Beamten die Aktion gerne mit und nahmen bedenkenlos unseren Bau ab. Tatsächlich hatte unser Weltrekordversuch so viel Aufsehen erregt, dass ein großer Radiosender schon seit dem Vortag stündlich in den Nachrichten den Stand unserer Aktion durchgab. Das war natürlich ein tolles Aushängeschild für das gesamte Erntedankfest: ein Weltrekordversuch für den längsten Pflaumenkuchen der Welt. Gleichzeitig erhöhte es auch den Druck auf uns – wir wollten es wirklich schaffen.

Jetzt kam der Bäckerwagen mit dem Kuchen – die Zeit lief. Die einzelnen Blechkuchen mussten nahtlos aneinandergelegt werden, was eine hohe Kunst und ganz schön knifflig war – vor allem, wenn man unter Zeitdruck steht! So fügte sich Stück um Stück, Meter um Meter der Kuchen auf dem endlosen Tisch zusammen. Einige der Jungs postierten wir als Wachen an den Tischen, denn während am einen Ende der Tafel der Kuchen schon aufgebaut und abgedeckt war, waren Hunderte Meter weiter fleißige Teams noch dabei zu puzzeln. Ja, einige Hundert Meter! Wie lange dieser Kuchen sein sollte? Wir brauchten 750 Meter für den Rekord bei einer Breite von 10 Zentimetern. Und die sollten schließlich unversehrt und nicht etwa angeknabbert sein, bis das amtliche Vermessungsbüro uns die benötigte Länge bestätigte.

Uns blieb nicht mehr viel Zeit bis zur Festeröffnung um 11 Uhr und zum Ablauf unserer 24 Stunden. Wie weit waren die Abiturienten einige Hundert Meter weiter? Klappte alles? So schwangen ein paar Mitarbeiter und ich uns als „Fahrradkuriere“ auf Drahtesel und radelten die Strecke ab, um zu schauen, wo Not am Mann war und ob alles nach Plan lief.

Die Aufregung lag spürbar in der Luft. Hier und da fiel bei aller Aufregung doch mal ein Blech zu Boden. Gut, dass wir bei den geforderten 750 Metern Kuchen Reserve eingerechnet hatten! Auch, da tatsächlich Stücke – trotz Bewachung – aus der Rekordkuchenschlange herausgegessen worden waren. Unruhig blickte ich auf die Uhr, es blieben uns nur noch wenige Minuten bis zum Ablauf der Zeit. Doch schließlich stellte ich fest: Wir waren tatsächlich FERTIG. Ich atmete auf. Der riesiglange Pflaumenkuchen schlängelte sich durch den Ortskern von Grünefeld und über die Wiesen und gab in der herbstlichen Morgensonne einfach ein fantastisches Bild ab!

Nun betraten die ernsten Vermessungsbeamten die Arena und genossen die volle angespannte Aufmerksamkeit aller Beteiligten. Als sie zu messen begannen, rutschte uns das Herz in die Hose: Was wir überhaupt nicht bedacht hatten, war, dass sie die Länge nur horizontal messen. Bei dem hügeligen Feld, in das wir die Tische dem sanft welligen Verlauf entsprechend hineingestellt hatten, wurde die Senke nicht mitgezählt. Wir bibberten. Nach einer endlos lang scheinenden Zeit wurde mit großer Spannung das amtliche Vermessungsergebnis vor laufenden Kameras bekannt gegeben: 750,55 Meter!!! Das war denkbar knapp! Wir jubelten, sprangen in die Luft und das ganze Weltrekordteam strahlte. Galileo feierte uns gebührend vor der Kamera und wir erhielten eine Urkunde, die wir stolz und noch voller Adrenalin entgegennahmen. Wir hatten es tatsächlich geschafft!

Doch dann ging auch schon das Erntedankfest los. Mit unserem brandenburgischen Ministerpräsidenten schnitten wir zur Eröffnung der Feierlichkeit den riesigen Kuchen an, lobten vollmundig die tolle brandenburgische Pflaume und den guten Backerfolg. Dass der Kuchen auch noch ausgesprochen gut schmeckte, stimmte mich wirklich sehr fröhlich.

Jetzt begann der Verkauf der Kuchen. Alle zig Meter auf der Kuchenstrecke hatten wir einen kleinen Verkaufsstand eingerichtet, an dem je ein Mitarbeiter von uns und ein Team hoch motivierter Schüler Kuchen schnitten, verpackten und voll stolzer Freude überreichten. Die unglaubliche Bilanz des Tages: Am Ende hatten wir weit über 600 Meter Kuchen verkauft! Mir schien das unfassbar. Wir beschenkten noch die vielen ehrenamtlichen Helfer des Tages von der Feuerwehr oder dem DRK, die wir am Nachmittag mit kostenlosem Kuchen ehrten, und riefen ein paar Kirchen im Umkreis an, die am morgigen Sonntag nach ihrem Erntedankgottesdienst ein üppiges Pflaumenkuchen-Kirchencafé haben würden. So mussten wir wirklich nichts von diesem leckeren Riesenbackwerk wegwerfen – außer den wenigen Stücken, die heruntergefallen waren.

Mich machte das sehr, sehr froh und auch die wirtschaftliche Bilanz war aufgegangen. Es passte einfach alles. Am Abend dieses aufregenden Tages ging ich mit einem ehrlichen Dankgebet auf den Lippen ins Bett.

Der einzige Wermutstropfen dieser Geschichte: Guinness hat unseren Rekord nicht in sein Buch aufgenommen, weil unser Kuchen am Ende doch zu klein war. Guinness zählt nur die Gesamtfläche und geht nicht nach der Länge. Um einen neuen Weltrekord aufzustellen, hätte unser Pflaumenkuchen nur zwei bis drei Zentimeter breiter sein müssen. Aber das spielte im Nachhinein dann eigentlich keine Rolle mehr. Allein schon der Versuch und die öffentliche Wirksamkeit waren so gewinnend. Für die Bäckerei konnten wir einen nachhaltigen Erfolg verbuchen, die Schule hat profitiert und auch der Baumarkt, der als Sponsor viel Aufmerksamkeit erhalten hatte, war hochzufrieden. In den nächsten Wochen konnte man dort Klappböcke und angebohrte Platten zum Sonderpreis erhalten …

Hier gilt, was ich bei meiner frühmorgendlichen Ansprache in Grünefeld den Abiturienten gesagt hatte: Oft können wir selbst gar nicht richtig ermessen, was als Erfolg oder Misserfolg zählt. Wir haben zwar vor Augen, was unser Ziel wäre, was wir als Erfolg einschätzen. Doch Gott hat oft eine andere Perspektive auf diese Dinge.

5

Adlerschwingen

IRRTÜMER UND NEUANFÄNGE

HYGIENEBEAUFTRAGTER

Wenn man als Christ ein Unternehmen wie eine Bäckerei führt, ist es trotzdem kein christliches Unternehmen. Wir backen ja keine christlichen Brötchen. Sondern wir sind als Unternehmerfamilie engagierte Christen. Das Herausfordernde ist, dass Nichtchristen oft eine ziemlich genaue Vorstellung davon haben, was Christen zu tun und was sie zu lassen haben. Wenn ich zum Beispiel mal einen derben Witz reißen würde, würde das absolut nicht in das Bild passen, das meine Mitarbeiter von mir haben.

Doch manchmal ist es ganz schön schwierig, etwas zu entscheiden, wenn nicht klar ist, was richtig und falsch ist – hin und wieder bleibt einem sozusagen nur die Wahl zwischen Pest und Cholera. Immerhin stehen wir in einer gewissen Öffentlichkeit und wollen in Verantwortung vor unseren Mitarbeitern leben.

Ich erinnere mich noch gut daran, dass wir mal einen Mitarbeiter hatten, Burkhardt, mit dem es immer wieder Probleme gab. Seine private und familiäre Situation forderte ihn sehr heraus und er musste manchen Verlust und manche Enttäuschung verarbeiten. Das hatte unmittelbare Auswirkungen auf Burkhardts psychische Belastbarkeit und seine Mitarbeit in unserem Unternehmen.

Als Leiter unserer Versandabteilung hatte er Kontakt zu unseren Großkunden, die zu beliefern waren oder für die es Nachlieferungen anzunehmen galt. Wenn ihn die Lebensumstände mal wieder hin und her rissen, kam es dazu, dass Burkhardts emotionale Ausbrüche gegenüber den Kunden durchaus Schaden anrichteten.

Sein Verhalten entging auch anderen Mitarbeitern nicht und ich spürte die Last, dass sie schauten, wie der Chef damit umging. An einem Tag wurde Burkhardt sehr ausfallend gegenüber einem unserer Großkunden und maßregelte dessen Küchenchefin so heftig, dass sie in Tränen ausbrach. Jetzt war ich in der Pflicht zu handeln. Ich bat Burkhardt in mein Büro, stellte ihn zur Rede. Auf der einen Seite war er noch ganz aufgebracht, auf der anderen selbst völlig verstört über sein Verhalten. Ich hörte ihm zu, verstand dadurch seine Problemwelt besser, die seine heftigen Reaktionen hervorrief. Schließlich sagte ich ruhig zu ihm: „Wir müssen zu diesem Großkunden hinfahren und ich möchte, dass du dich bei der Küchenchefin entschuldigst."

Burkhardt willigte ein und wir machten uns direkt auf den Weg. Es war ein schwerer Gang durch die Sicherheitsschleuse hindurch, durch den Hygienebereich bis zur Küchenchefin. „Wenn ich so eine schwierige Situation habe, bete ich immer", sagte ich ihm. Ich bot an, zusammen ein Gebet zu sprechen, und er stimmte gerne zu. Danach erklärte ich ihm kurz Gottes Prinzip, dass, wenn uns ein Fehler passiert, es nicht das Ende aller Dinge ist, sondern es Vergebung gibt.

Als wir kurz darauf vor der Küchenchefin standen, war sie überrascht, dass da tatsächlich der Chef mit dem Mitarbeiter zu ihr gekommen war, um die Sache zu klären. Burkhardt entschuldigte sich, doch die Küchenchefin war noch immer sehr empört, da er das Maß völlig überzogen hatte. Schließlich jedoch legten sich die Emotionen. Im Nachgang zeigte sich, dass unser Besuch dafür gesorgt hatte, dass die Geschäftsbeziehungen nicht abbrachen und wir den Kunden nicht verloren.

Aufgrund seiner außergewöhnlich scharfen Reaktion bei diesem Ausbruch wurde mir deutlich, dass Burkhardt sehr labil war und wir immer wieder mit Abstürzen rechnen mussten. So entschieden wir, dass er eine Auszeit nehmen sollte, um wieder Stabilität für sein Leben und seine Psyche zu finden. In dieser Zeit sollte er sich regenerieren und seine persönlichen Verluste verarbeiten – und das waren einige.

Als Burkhardt nach längerer Zeit wiederkam, wurde deutlich, dass er nicht mehr fähig war, seinen alten Posten auszufüllen. Eigentlich hätte ich ihn entlassen müssen. Doch ich bot ihm eine neue Aufgabe an, die ohne Kundenkontakt war. Dafür überlegte ich mir einen guten Titel: Er wurde zum „Bereichsleiter für Hygiene und Ausbilder für die jungen Leute" ernannt, was bedeutete, dass er Chef in der Spülküche wurde und die neuen Mitarbeiter einarbeitete. Ich sagte ihm, dass der Bereich der Hygiene die Grundlage für einen guten Betrieb ist und dass ich dafür jemanden brauche wie ihn.

Ich staunte, welche Auswirkungen diese Entscheidung hatte. Burkhardt blühte durch seine neue Aufgabe, die seinen Fähigkeiten entsprach, regelrecht auf. Als Hygienebeauftragter zu arbeiten war ihm eine Ehre. Dazu kam, dass er in dieser Zeit zu einer christlichen Veranstaltung mitgekommen war und Gott in sein Leben einlud. Im Vertrauen auf Gott und mit dessen Hilfe meisterte Burkhardt nun – neben der notwendigen medizinischen Versorgung – sein Leben.

Er begann, seine Aufgabe unglaublich wertzuschätzen. Er sah die Wichtigkeit seiner Arbeit und betrachtete sie als Dienst für Gott. Eines Tages sagte Burkhardt zu mir: „Chef, ich komme hierher nicht auf Arbeit, ich komme ins Haus Gottes. Und was ich hier mache, das hat Bedeutung. Es ist das Fundament dieses Unternehmens, dass hier Sauberkeit herrscht. Chef, ich bin so froh, dass ich wieder zum Arbeiten hier bin!"

Wenn wir eine Delegation oder hohe Gäste im Haus haben, versäume ich es nie, einen Besuch in der Spülküche zu machen und ihnen unseren Vorarbeiter aus dem Abwaschbereich vorzustellen, der mit großer Freude und Dankbarkeit jeden Morgen kommt – auch jetzt noch als Rentner für wenige Stunden. Mit Stolz und sehr eloquent erzählt Burkhardt dann, wie wichtig dieser Bereich ist und wie gewissenhaft er ihn ausführt.

Natürlich war mit der neuen Aufgabe nicht plötzlich alles im Lot. Burkhardt litt immer noch an seiner psychischen Schwäche und teilweise fiel er einfach um. Es gab einige Situationen, in denen wir den Notarztwagen holen mussten. Einmal war er zusammengebrochen und die Sanitäter setzten gerade dazu an, ihn auf der Trage hochzunehmen und in den Notarztwagen zu tragen, da schoss seine ausgestreckte Hand zu mir heraus. Ich sagte zum Notarzt: „Ich glaube, mein Mitarbeiter wünscht sich, dass wir noch ein Gebet für ihn sprechen." Burkhardt, der sich mit Worten nicht mitteilen konnte, nickte. Wir beteten und segneten ihn und sogleich breitete sich über uns ein spürbarer Frieden aus. Dann wurde Burkhardt mitgenommen, im Krankenhaus behandelt und nach ein paar Tagen glücklicherweise wieder entlassen.

Auch danach gab es Tage in der Spülküche, in denen sich der graue Alltag breitmachte. Aber letztlich ging es für Burkhardt um die zweite Chance. Darum, zu gucken, wo sein Platz ist, wozu er in der Lage ist und was passt. Wie gut das funktionierte, zeigte sich bei Burkhardt beispielhaft. Ganz wichtig war dabei, ihm Wertschätzung und eine sinnvolle Aufgabe zu geben, als er zum „hoffnungslosen Fall" wurde.

Ein schöner Nebeneffekt der Entscheidung, Burkhardt zum Hygienebeauftragten in der Spülküche zu machen, war der, dass ein Posten, der sonst nicht so beliebt ist, nun so prominent besetzt war mit jemandem, der ihn fröhlich und gern ausfüllte. Das tat dem ganzen Unternehmen gut.

Mich macht es so dankbar, dass, wenn in unserem Leben Fehler passieren und wir bei Gott Vergebung empfangen, es dann doch mit uns weitergehen kann. Wir müssen zwar die Suppe unseres Lebens auslöffeln, aber es gibt eine zweite Chance.

Ich habe mir viele Gedanken über den biblischen Bericht gemacht, wo Jesus mit seinen Jüngern an einem Feigenbaum vorbeikommt, der keine Früchte trägt. Die Jünger fragen, ob man den nicht rausreißen soll. Dann fordert Jesus sie heraus, den Baum erst noch einmal zu wässern, zu düngen und dann zu gucken, ob er im nächsten Jahr Früchte bringt, und ihn sonst abzuholzen.

Dieses „Jesus-Prinzip" versuche ich, auf meine Mitarbeiter anzuwenden. Zuhören, den Kontakt pflegen, schauen, wo man helfen kann – und wenn es nicht klappt, auch mal abholzen. Aber es kann auch sein, dass, wenn man noch einmal düngt und gießt – also entsprechend fördert –, es doch wieder Früchte gibt, so wie mit Burkhardt.

KNIRSCHENDES BROT

Als ich einmal von einer Dienstreise zurückkam, fielen mir sofort dir kratertiefen Sorgenfalten auf den Gesichtern meiner Mitarbeiter auf. Mir schwante Schlimmes. „Was kommt jetzt?“, fragte ich mich ein wenig erschöpft, auch angesichts des hohen Berges an Arbeit, der nach ein paar Tagen Abwesenheit immer auf meinem Schreibtisch wartet. Meine Leute vom Qualitätsmanagement und aus der Bäckerei sagten mir: „Chef, es gibt große, große Probleme – die meisten unserer Brote knirschen beim Essen.“ Es hatte erste Kundenreklamationen gegeben – glücklicherweise sehr freundliche und wohlwollende: „Da stimmt irgendwas nicht. Das Brot schmeckt, aber es knirscht.“ Die Mitarbeiter hatten sehr verantwortlich und prompt reagiert, sie hatten eine Probe des Mehls genommen und es vom Labor testen lassen. Mit dem Ergebnis: Das Mehl war einwandfrei.

Doch auch am nächsten Tag knirschte das Brot. Es war also doch das Mehl – vermutlich hatten die Mitarbeiter für die Probe Mehl aus dem Silo entnommen, das gut war – denn so genau kann man bei der Mischung in diesem riesigen Behälter die einzelnen Lieferungen nicht unterscheiden. Offensichtlich war es das neu gelieferte Roggenmehl, das den unschönen Nebeneffekt hatte, beim Kauen zu knirschen.

Das Mehl hatten wir zwar nicht in allen Produkten verbacken, doch in einigen. Wenn man als deutscher Handwerksbäcker den Slogan „Rettet das Brot“ rausbringt, ist es umso schwieriger, wenn einem treue Kunden die Rückmeldung geben, dass das Brot knirscht. Das darf nicht sein und die Situation belastete mich bei meiner Rückkehr sehr.

Am nächsten Tag wurde – viel zu spät – die Reißleine gezogen: Das gesamte Mehl wurde ausgetauscht sowie alles Brot aus den Läden genommen, das mit diesem Roggenmehl gebacken worden war. Vorübergehend ließen wir uns von einer anderen Mühle beliefern. Unsere Stammmühle war sehr betroffen und äußerst hilfsbereit. In mühevoller Kleinarbeit leerten sie unser Silo, schaufelten das ganze gelieferte Mehl in Säcke, um es zurückzunehmen und uns dafür neues, gutes Mehl zu bringen. Dafür verwendeten sie extra andere Säcke, um auch hier auszuschließen, dass etwas nicht stimmte.

Doch dann stellten wir fest, dass am darauffolgenden Tag das Brot wieder knirschte. Jetzt war der Spaß endgültig vorbei. Der Schaden wurde immer größer. Wenn Kunden einmal ein Brot kaufen, das nicht in Ordnung ist, ist es schon schlimm. Wenn sie der Bäckerei dann aber noch eine Chance geben oder Stammkunden sind – und das Brot dann erneut knirscht, dann ist es verheerend. Ich schwitzte und wollte mir nicht ausmalen, wie sich diese Situation auf unseren Ruf auswirken würde. Das Problem musste bald gefunden und so schnell wie möglich behoben werden. Oder wir wechselten dauerhaft die Mühle.

Es blieb uns nichts anderes übrig, als erneut anderes Mehl zu bestellen. Die treuen Mitarbeiter der Mühle kamen noch einmal, schleppten alles neu gelieferte Mehl aus dem Keller und nahmen es zurück. Der Müller war verzweifelt, unsere Mitarbeiter wutentbrannt. Es ergaben sich riesige Verzögerungen im Ablauf, die Backwaren kamen nicht in die Läden, Hunderte von Broten waren im Rückruf. Wir alle standen unter großem Druck.

Die intensiven Bemühungen der Mühle selbst, den Fehler zu finden, waren gescheitert. Also wurde ein externes Unternehmen zur Unterstützung beauftragt, das die ganze Mühle auseinandernahm und schließlich entdeckte, was mit bloßem Auge nicht zu sehen war: Der Steinaussieber hatte einen Längsriss. Das ist ein Gerät, in dem im Mahlprozess getreidekorngroße Steinchen durch ein aufwendiges Verfahren aussortiert werden. Durch diesen Längsriss funktionierte der Siebprozess nicht mehr einwandfrei und so wurden Steine mit vermahlen, die das Knirschen im Brot verursachten.

Bei aller Betroffenheit waren letztlich alle froh, dass der Fehler gefunden war. Aber der Schaden war groß – sowohl der finanzielle wie auch der Imageschaden unserer Bäckerei. Immerhin waren wir sehr dankbar, dass die blamable Situation nicht öffentlich geworden und der Shitstorm in den Sozialen Medien ausgeblieben war. Nun aber stand das schwere Gespräch mit dem Müller an. Er hatte sich bei unserem Geschäftsführer für die darauffolgende Woche angemeldet.

Zwischenzeitlich gab es aber noch einen Gute-Laune-Termin: unsere jährliche Firmenfeier. Wir hatten uns für ein sommerliches Hoffest entschieden, bei dem erstmalig auch alle Familienmitglieder der Mitarbeiter mitfeiern sollten und an der Zapfsäule, am Grill und an der Kaffeestation unsere Gastfreundschaft genießen konnten. Für den Nachwuchs hatten wir ein richtiges Kinderfest organisiert, mit Keksebacken, Traktorfahren, Ponyreiten, Kinderschminken, einem Luftballonkünstler etc. Ein Fest mit toller Stimmung, an dem sich alle sichtlich wohlfühlten. Als Höhepunkt konnte jeder Mitarbeiter mit einem Hubschrauber fliegen und seine Heimat von oben sehen.

Natürlich gab es auch öffentliche Worte und eine Rede von mir, in der ich mich bedankte, die Jubilare ehrte und allen die Ziele für das nächste Jahr mitteilte. Diese waren zum einen Wachstum nach innen. Im Jahr zuvor hatten wir neue Läden eröffnet, jetzt wollten wir die Kommunikation stärken und in unseren Produkten besser werden. Als Zweites sollte eine Qualitätsoffensive starten. Bei diesem Punkt bot sich mir die perfekte Gelegenheit, den Mitarbeitern zu erklären, woher das Problem mit dem knirschenden Brot gekommen war. Schließlich hatte das die ganze Firma in hellen Aufruhr versetzt und jeder wollte wissen, was da passiert war.

Dann hatte ich mir wie so oft vorgenommen, mein größtes Vorbild, Jesus Christus, zu zitieren. Auch wenn von meinen Mitarbeitern nur die wenigsten Christen sind, wissen sie doch alle, dass der Chef sich an diesen Werten orientiert. So habe ich die sogenannte goldene Regel aus der Bergpredigt vorgelesen. Jesus sagt da: „Behandelt eure Mitmenschen in allem so, wie ihr selbst von ihnen behandelt werden wollt“ (Matthäus 7,12; NGÜ). Ausgehend von diesem Gedanken sprach ich darüber, was es für mich in meiner Erschöpfungsphase, als ich mehrere Wochen ausgefallen war, bedeutet hat, dass andere für mich eingestanden sind, und habe mich dafür bedankt, dass andere die Arbeit machten, als ich dazu nicht mehr in der Lage war. So habe ich den Mitarbeitern versichert, dass dieser Gedanke Jesu leitend für uns als Unternehmerfamilie ist und dass, wenn auch einmal andere in Schwierigkeiten oder schweren Lebenssituationen sind – wenn sie durch eine Trennung gehen oder eine schlimme Diagnose haben –, wir sie dann auch begleiten wollen.

In diesem Moment wurde mir bewusst, dass diese Regel nicht nur für die Mitarbeiter gilt, sondern auch für meine Kunden und Lieferanten. Auch sie wollte ich so behandeln, wie ich gerne behandelt werden möchte. So hatte ich für das aufregende Gespräch mit unserem Geschäftsführer und dem Müllermeister ein Neues Testament präpariert und den Vers aus Matthäus angestrichen.

Nachdem wir bei der Aussprache klar und mit angemessener Forderung unseren Schaden beziffert hatten und der Müller mit großem Einsehen um Entschuldigung gebeten hatte für die wahrlich schlimmen Probleme, so waren doch durch die Sachlichkeit des Gesprächs die starken Emotionen gewichen, die diese Situation bei uns ausgelöst hatte. Sodass ich am Ende die Bibel zücken, ihm den Vers vorlesen und erklären konnte: „So wollen wir das machen! Wir wollen Sie so behandeln, wie wir es uns auch wünschen würden, dass uns jemand behandelt, wenn wir einen Fehler gemacht haben." Der sichtlich erschöpfte und unter der Situation leidende Geschäftsführer der Mühle war erleichtert und nahm die Bibel dankbar an. Wir erinnerten uns an die guten Zeiten und beschlossen, dass wir die Geschäftsbeziehung nicht abbrechen, sondern weiterhin miteinander arbeiten wollten.

VERSTECKEN IM DUNKELN

Wie liebe ich ihn, den Sonntagmorgen! Es ist wunderschön, morgens wach zu werden und zu wissen: Heute ist ein freier Tag. Wie froh bin ich, dass meine Frau und ich uns entschieden haben, die Bäckerei sonntags geschlossen zu halten.

An einen Sonntagmorgen erinnere ich mich nur zu gut: Agnes und ich lagen müde in den Betten, als – gefühlt viel zu früh – fast unhörbar die Tür aufging und die Truppe von fünf Kindern in unser lichtgeflutetes Schlafzimmer stürmte und das Ehebett enterte. Dann tobten wir zusammen im großen Bett, kuschelten, probierten akrobatische Kunststücke aus und alberten herum. Irgendwann zogen wir uns in unsere Bärenhöhle zurück – das heißt, unter die Bettdecke, wo Papa schaurige Geschichten von mutigen Bären erzählte. Agnes wurde es irgendwann zu bunt und sie verließ mit einer gewissen Sorge, dass wir es nicht zu doll trieben, das Schlafzimmer.

Dann kam Verstecken im Dunkeln! Ein wiederkehrendes, heiß geliebtes Ritual der Familie Plentz: Alle Nachttischlampen und Vasen wurden in Sicherheit gebracht, wir verdunkelten das Zimmer komplett. Ein Kind wurde ausgesucht, das vor die Tür geschickt wurde und später die anderen im finsteren Zimmer suchen musste. Die anderen sausten los, um sich im Schrank, in einer Ecke, unter dem Bett, unter der Decke usw. zu verstecken. Das suchende Kind betrat den Raum und durchforstete tastend das Zimmer. Manchmal konnte es mit Geschick, manchmal durch verräterisches Kichern herausfinden, wer sich wo versteckte.

Ich suchte sehr gute Verstecke für die Kinder aus. Einige meiner Best-ofs: auf der Kante des Fensterbretts hinter der Gardine stehen, hinter einem Möbelstück verstecken, das ein paar

Zentimeter von der Wand weggerückt war, sodass ein kleines Kind dahinterpasste, oder bei Papa – der immer leicht gefunden wurde – hinten auf dem Rücken wie bei einem Koalabär. Nicht selten kam ich mir vor wie ein Zirkusdirektor, wenn ich meine nahezu verzweifelnden großen Kinder, die ihre Geschwister nicht finden konnten, neckte: „Ick hab die Kleenen in Luffffft aufgelöst. Ich habe sie an die Decke geklebt!" Ich bin mir sicher: Würde es eine Champions League in Verstecken im Dunkeln geben, hätten wir da alle mal mitgespielt und auch sicherlich nicht schlecht abgeschnitten.

Wenn am Ende des Spiels keiner verletzt und nichts kaputtgegangen war, brach immer eine gewisse Eile aus, um uns, verschwitzt und noch in Schlafanzügen, wie wir waren, fertig zu machen für den Gottesdienst. Es war immer schön, am Sonntag in die Gemeinde zu gehen, auch weil wir dort viele unserer Freunde trafen. An einem dieser Sonntage jedoch sollte der Gottesdienst anders sein als sonst. Die Worte des Gastpredigers trafen direkt in mein Herz. Sicherlich ist es ein Wunsch, in die Kirche zu gehen, um meine Beziehung zu Gott zu vertiefen und dass die Predigt etwas auslöst, das mich beschäftigt und weiterbringt. Aber an diesem Tag wurde mir heiß bei dem, was ich da hörte. Gott sprach deutlich zu mir.

Der Prediger hatte Psalm 32 ausgewählt, der von David stammt. Von einem Mann, der wie ich ein Junge vom Dorf war und später zu einer Führungskraft, dem König von Israel wurde. Dieser David berichtete hier über seine Erfahrung mit Gott: „Glücklich der, dem Übertretung vergeben, dem Sünde zugedeckt ist." Ein Satz, der mir nicht neu war, aber über den man so schnell hinwegliest. Heute jedoch sollte er mich in meinem Innersten erschüttern. Da stand nicht: „Glücklich der Mensch, der treu Gott nachfolgt" oder „glücklich der Mensch, der sowieso keine Fehler macht“ oder „dem kann man gratulieren, der schon immer alles richtig gemacht hat.“ Nein, sondern hier stand: „Glücklich der, dem Übertretung vergeben, dem Sünde zugedeckt ist.“

Diese Worte trafen mich deshalb so, weil es in meinem tiefsten Inneren ein gut gehütetes Geheimnis gab. Etwas, wofür ich mich schämte, was mich aber immer wieder in seinen Bann zog und meine Prinzipien über Bord werfen ließ. Wiederholt war diese Sache in meinem Herzen und in meinen Emotionen aufgewühlt worden und hatte an mein Gewissen angeklopft. So war ich tief betroffen von diesem Vers und hing dem Prediger weiter an den Lippen.

Auch die folgenden Verse aus diesem Psalm waren wie für mich geschrieben: „Glücklich der Mensch, dem der Herr die Schuld nicht zurechnet und in dessen Geist kein Trug ist.“ Welche große Sehnsucht hatte ich nach diesem Glück, danach, unbeschwert, ohne dieses belastende Geheimnis, weiterzuleben. Sollte die Gnade, die Liebe Gottes, die ich vielen meiner Freunde vorgelebt und ihnen davon erzählte hatte, denn auch mir gelten? Galt sie auch für meinen großen Fehler? David schreibt weiter: „Als ich schwieg, zerfielen meine Gebeine durch mein Gestöhn den ganzen Tag. Tag und Nacht lastete auf mir deine Hand …“ Oh, wie konnte ich in diesem Moment diese auf mir lastende Hand Gottes spüren! Ja, ich schwieg seit langer Zeit über diese Schuld. Und wie oft schon hatte Gott sich mir auf tiefste Art und Weise gezeigt in meinem Bemühen, mein Problem zu verstecken. Wie oft hatte er schon um mich geworben, manchmal durch andere Leute, einmal durch einen krähenden Hahn, der mich an Petrus erinnerte und ebenso aufschrecken ließ. Einmal machte mir Gott ganz deutlich, dass ich mit all meiner Scham, all meiner Schuld kommen kann, weil Jesus dafür gestorben ist und dafür bezahlt hat. Doch meine Angst und meine Scham waren übermächtig.

Seit Langem fühlte ich mich wie ein Fisch, der an einen Köder angebissen hat, der ihm in der Backe steckte. Der Angler ließ den Fisch weiterhin im See schwimmen, er konnte sich einbilden, frei zu sein. Doch ich war am Haken, hatte den Köder geschluckt und war gefangen. Immer wieder machte sich diese Fessel bemerkbar, zog an mir, schmerzte in meinem Innern und machte mir deutlich: Ich war nicht frei.

Im Psalm geht es weiter: „Dann tat ich dir kund meine Sünde, meine Schuld. Ich will dem Herrn meine Übertretungen bekennen und du hast vergeben die Schuld meiner Sünde." Das klang verlockend, das war es, was ich mir wünschte: alles zu bekennen, vom Angelhaken gelöst zu werden und wieder frei und unbeschwert zu sein. Doch bedeutete es auch, dass ich mein Schweigen brechen musste. Ich ahnte, dass da viel auf dem Spiel stand. Doch der nächste Vers gab mir Aufwind: „Deshalb soll jeder Fromme zu dir beten ..." Es ist der Hammer, dass diese Sätze nicht jemandem gelten, der noch nie etwas mit Gott zu tun hatte, sondern an jemanden wie mich gerichtet waren, der schon immer den Wunsch und das Bemühen hatte, sein Leben nach Gottes Willen auszurichten.

Als ich an diesem Sonntag unruhig auf meinem Stuhl in der Gemeinde saß, schossen meine Gedanken kreuz und quer in meinem Kopf herum. Die Scham konkurrierte mit der Sehnsucht nach innerer Erleichterung, danach, diese Geheimnistuerei zu beenden. Wie der Profi, der ich im „Verstecken im Dunkeln" war, hatte ich lange Zeit dafür gesorgt, dass niemand diese Sache bei mir entdecken konnte. Nun spürte ich einmal mehr die einladende, ausgestreckte Hand Gottes, die werbend zu mir sagte: „Komm, Dietmar, ich will dir deine Schuld vergeben."

Aufgewühlt durch den Gottesdienst fasste ich mir schließlich ein Herz und meldete bei einem vertrauten Freund ein Gespräch an. Bevor es wirklich dazu kam, bewegte ich tausend Mal den Gedanken hin und her, ob es richtig sei oder nicht, ob ich nicht doch lieber alles beim Alten lassen sollte. Die Scham war so groß.

Als der Termin anstand, schien es mir ein so schwerer Gang wie zu einer Wurzelbehandlung beim Zahnarzt. Da saß ich also bei meinem Freund und breitete bedrückt vor ihm aus, was ich noch keiner Menschenseele erzählt hatte. Satz um Satz spürte ich, wie mir leichter ums Herz wurde. Geduldig hörte er mir zu. Seine Reaktion überraschte mich dann völlig: Da kam keine Verurteilung, keine schlimme Moralpredigt, sondern dieser christliche Freund gab mir die Zusage, dass der liebende Gott schon so lange auf mich gewartet hatte wie ein Vater auf seinen Sohn.

Die Umarmung nach meiner Beichte, nachdem ich flehentlich um Vergebung gebetet hatte, tat unglaublich gut und bald stellte sich auch der große „Rettungsjubel“ ein, von dem in Psalm 32 die Rede ist. In diesem Moment war für mich deutlich die biblische Wahrheit spürbar, dass, wenn Gottes Licht in unser Leben strahlt, dem Versagen jede Macht genommen wird. Ich war unendlich erleichtert!

Nun erforderte es aber noch den Gang zu denjenigen Personen in meinem Leben, die dieser Fehler betraf. Ihnen musste ich nun mein Versagen bekennen und um Vergebung bitten. Hier war jede Reaktion denkbar, ich wusste nicht, wie meine Familie, auch meine Frau, damit umgehen würde. Tatsächlich flossen viele Tränen der Enttäuschung und Fassungslosigkeit und Agnes brauchte Zeit, das, was ich ihr erzählt hatte, zu veratmen. Es dauerte einige schwierige Tage, in denen wir uns eine Auszeit genommen hatten, um die Sache auszuwerten. Und das war wirklich kein Spaziergang. Nein, es war furchtbar. Ich habe mich so geschämt und wünschte mir nur, dass alles einfach vorbei ist.

Schließlich konnte meine Frau mir mit Gottes Hilfe vergeben. Wie froh und erleichtert war ich da! Nach vielen tränenreichen Gesprächen stellten wir gemeinsam fest, dass wir so viel Gutes in unserem Leben hatten – mit der Familie, unserem privaten Umfeld, unseren Freunden, unserer erfolgreichen Firma. Doch wir erkannten auch, dass nichts so wertvoll war wie dieser Moment der Vergebung. Von Jesus selbst hatten wir gelernt, dass er sich mit uns versöhnt hat und dass es etwas kostet zu vergeben. Aber auch, dass er unser Vorbild sein möchte und uns dazu auffordert, dass auch wir einander vergeben.

Später erzählte ich unseren Kindern von meinem Fehler. Auch sie waren mehr als überrascht und erschüttert darüber, was ich über lange Zeit geheim gehalten hatte. Aber vor allem hatten sie großen Respekt vor meiner Offenheit und meinem Bekenntnis. Eine Tochter sagte im Rückblick, sie habe mich immer auf einen Sockel gestellt, so unfehlbar schien ich ihr. Aber durch dieses Eingeständnis meines Fehlers sei ich nahbarer geworden. Ja, das passiert oft, wenn wir die Masken fallen lassen und uns ehrlich mit unserer Schuld auseinandersetzen und sie bekennen. Wir werden menschlicher, es wird deutlich, dass jeder von uns irgendwo zu knabbern hat. Doch entscheidend ist, wie man damit umgeht. Und wie froh bin ich darum, dass in dem Psalm gerade „Fromme“ angesprochen werden, ihre Schuld zu bekennen. Denn auch bei den Frommen läuft nicht alles glatt. Aber auch und gerade ihnen steht Gottes Gnade offen.

Und wie schön ist es heute, sonntagmorgens ohne quengelnde oder hereinstürmende Kinder munter zu werden und mich noch einmal genüsslich umzudrehen oder anzukuscheln bei meiner geliebten Frau.

MEIN DACHDECKER

Wenn man sich als Bäckerei weiterentwickelt und die Zahl der Filialen wächst, hat das immer auch mit Immobilien zu tun. Die wichtige und große Entscheidung der Nachwendezeit war, wie bereits erzählt, dass wir an unserem Standort in Schwante das alte Bäckereigebäude abreißen und einen neuen Betrieb mit modernster Technologie bauen wollten. Für den Bau des neuen Hauses brauchten wir gute Handwerker. Besonders in Zeiten, wo Fachkräfte rar werden, weiß man es zu schätzen, mit bewährten Leuten zusammenzuarbeiten. Das betraf auch unseren altbekannten Dachdecker, mit dem schon mein Vater zusammen gebaut hatte und bei dem wir immer in guten Händen gewesen waren.

Nun hatten wir schon mutig investiert in einen neuen Fußboden und neue technische Geräte; hier galt es, noch einen riesigen Berg Schulden abzubezahlen. So holten wir bei unserem neuen Projekt natürlich verschiedene Angebote ein, um eine Vergleichsgrundlage zu erhalten. Dabei bekamen wir ein Angebot von einem anderen Dachdecker, das deutlich günstiger war als alle anderen. Gerne hätte ich mit unserem bewährten Dachdecker zusammengearbeitet, doch wirtschaftlich war es nicht sinnvoll. Tatsächlich trennte eine große Summe die beiden Angebote. Doch weil der alte Dachdecker auch mit uns zusammenarbeiten wollte, ging er bei den Verhandlungen schließlich auf das günstigere Angebot ein.

Für meinen Teil war ich eigentlich ganz zufrieden damit, gut verhandelt zu haben. Aber das Elend sollte folgen. Der alte Geschäftsfreund hatte Probleme – in diesem Jahr hatte er deutlich zu viele Aufträge angenommen. Und wie sich herausstellte, hatte er für uns zu günstig angeboten, holte sich schließlich Leiharbeiter und auf der Baustelle gab es Schwierigkeiten. Als es dann zur Abnahme kam, wurden Mängel offenbar.

Als der Architekt, der die Abnahmen machte und der auch bei den anfänglichen Preisverhandlungen dabei gewesen war, auf die Mängel hinwies, bekam er die Wut des Dachdeckers zu spüren. Ich kann es im Nachhinein gar nicht mehr richtig sagen, wie es dazu kam – aber auf einmal verhärteten sich die Fronten so sehr, dass keine vernünftige Kommunikation mehr möglich war. Für mich ging es um die größte Investition meines Lebens – und der Dachdecker fühlte sich offenbar um seinen angemessenen Lohn gebracht.

Schließlich hatte er so die Schnauze voll, dass er mit all dem nichts mehr zu tun haben wollte. Nicht einmal die Schlussrechnung wollte er mehr stellen. Die Situation war völlig verfahren und einfach nur ätzend. So setzten der Architekt und ich uns selbst noch einmal hin, rechneten die verbleibende Summe aus, teilten sie dem Dachdecker mit und überwiesen sie. Doch die alte Geschäftsfreundschaft war gestorben.

Nun läuft man sich in unserer kleinen märkischen Welt ja trotzdem weiterhin über den Weg. Dazu kommt, dass unser Dachdecker ein sehr geselliger Mensch ist und leidenschaftlich als Bläser in allen möglichen Gruppen mitmusiziert. So ist er auch immer, wo es etwas zu tuten und zu blasen gibt, selbstverständlich dabei. Frustriert setzte er in die Welt: „Der Plentz hat mich übers Ohr gehauen." So begegnete mir bald wiederholt der schlechte Leumund: „Dietmar Plentz sagt zwar immer, er ist Christ, aber er hat den Dachdecker nicht entsprechend bezahlt." Es war so anstrengend! Natürlich suchte ich das Gespräch mit ihm. „Wir haben uns bemüht, wir haben doch alles richtig gemacht, ja, dit Angebot war niedrig, aber letztlich war es deene Entscheidung, bei der Verhandlung druf einzujehn ..."

Kurzzeitig mag dadurch Gras über die Sache gewachsen sein. Aber vermutlich kennt das jeder: Da ist dieser Konflikt, ein bisschen Gras sprießt schon, aber immer wieder – im falschen Moment – ploppt dieses ungute Gefühl bei einem selbst oder der unterschwellige Vorwurf des anderen wieder auf. Das hatte ich jetzt an der Backe. Immer wieder, wenn es was zu feiern gab und Blasmusik dabei war, kam die unschöne Sache an die Oberfläche. Und das war nicht selten. Immer wenn ich den Dachdecker sah, traf mich dieser mahnende Blick: *Du bist mir noch was schuldig*. Ich wusste gar nicht, wie ich damit umgehen sollte.

Eines Tages fasste ich mir ein Herz, klemmte mich an den Dachdecker-Juniorchef und erklärte ihm alles. Der junge Mann konnte nachvollziehen, was ich ihm erzählte, und er war mir auch nicht mehr böse. „Dit is' doch Schnee von jestern", gab er beschwichtigend zurück. Aber beim Senior, da saß das tief. Da kam es nicht zu einer Beziehungsklärung.

Also machte ich mir zehn Jahre nach dem Vorfall noch einmal die Mühe und suchte in aufwendiger Kleinarbeit alles raus: Rechnungen, Abschlags- und Skontozahlungen, Bankdokumente zur Förderung, Angebote usw. Mich kostete das mehrere halbe Tage Arbeit, doch es war mir wichtig. Was mich antrieb, war die Sehnsucht, diesen alten Konflikt ein für alle Mal in Ordnung zu bringen.

Bei meiner Nachforschung entdeckte ich, dass mein Dachdecker, als er so sauer war, den Sicherheitseinbehalt nicht eingefordert hatte, als die Bindefrist abgelaufen war. Das heißt, eine gewisse Summe war noch offen, die eingepreist wird, falls Reparaturen oder Schäden am Bau entstehen, die man am Ende noch ausbezahlt bekommt. Ich stellte fest, dass es sich hierbei um einen Betrag von einigen wenigen Tausend Euro handelte, der noch ausstand.

Mit viel Beten und schweren Herzens bat ich beim Dachdecker um einen Termin. Ich wollte auch unbedingt, dass der Juniorchef mit dabei war. So saß ich also einige Tage später in ihrer Wohnstube und brachte hervor, dass es mir sehr, sehr wichtig sei, die Dinge von damals wirklich zu klären. „Mir isset überhaupt nich eenerlei, wenn ick so dargestellt werde, als wenn ick betrogen oder dich willentlich übers Ohr jehauen hätte." So holte ich meinen Ordner mit all den aufgearbeiteten Dokumenten hervor und legte sie ihnen dar. Abschließend erklärte ich, dass ich festgestellt hatte, dass der Sicherheitseinbehalt noch offen war und ich ihn heute in bar mitgebracht hätte.

Ich griff in meine Tasche und legte das Bündel an Scheinen demonstrativ auf den Wohnzimmertisch. Die beiden schluckten und schauten mich mit großen Augen an.

Dem Junior – dem anfangs gar nicht so sehr daran gelegen war, den Schnee von gestern noch einmal aufzutauen – leuchtete alles ein, was ich dargelegt hatte. Der Senior war sichtlich berührt und gleichzeitig bedrückt. Als ich das Haus verließ, hatte ich immer noch ein mulmiges Gefühl. So ganz bereinigt schien die Sache auch jetzt noch nicht zu sein.

Wenig später fand das Landeserntefest des Landes Brandenburg statt – ein großes Ereignis, das in diesem Jahr in unseren Nachbarort, nach Kremmen, gekommen war. Gemeinsam mit den Christen der Region hatte ich die Organisation übernommen und war in der Moderation. Wir erwarteten an diesem Tag viele Ehrengäste, auch den brandenburgischen Ministerpräsidenten. Und natürlich: gute Blasmusik!

Als ich mich bereit machte, zur Begrüßung der vielen Hundert Gäste auf die Bühne zu gehen, war ich ziemlich angespannt. Mir blieben noch circa drei Minuten und ich versuchte, mich zu konzentrieren und ruhig zu werden. Da kam auf einmal der Dachdecker auf mich zu: „Ey du, wir müssen mit'nander reden!" Oooooh, dachte ich. Meine Emotionen kochten hoch, schossen in alle Richtungen. „Wir können jern mit'nander reden, aber nich jetzt. Ick muss jetzt uf die Bühne und die Leute begrüßen!" Als würde er keine Widerrede akzeptieren, beharrte er: „Wir müssen mit'nander reden! Was hast du am 28. vor?" Meine Gedanken fuhren Karussell, ich versuchte mich zu erinnern. „Puh ...", brachte ich hervor, „dit is 'n Samstag, richtig? Ick gloobe, da hab ick frei." Darauf der Dachdecker: „An dem Tag lad ick dich ein, da is meine goldene Hochzeit. Du bist mein Freund. Was du mit mir jemacht hast, hat noch nie 'n Mensch mit mir jemacht."

Stumm nickte ich, als er davoneilte. Dann konnte ich meine Tränen nicht mehr zurückhalten. Ich war tief berührt, dazu diese Anspannung. Das war der einzige Moment in meinem Leben, an dem ich waagerecht geweint habe. Wie im Comic schossen mir die Tränen direkt nach vorn, so überwältigt war ich. Mir blieb ein kurzer Moment, um mich zu fassen, dann stieg ich auf die Bühne, um strahlend die Gäste zu begrüßen.

Wenige Wochen später finde ich mich in der Musikantenscheune meines Dachdeckerfreundes wieder. Eine ausgelassene Party. Blasmusik. Meine Frau und ich hüpfen, den Vordermann an den Schultern gefasst, in der Polonaise mit. Ich höre uns mitschmettern: „Hier fliegen gleich die Löcher aus dem Käse ..." Ich denke nur: „Kneif mich ma, wo bin ick hier?" So unwirklich erscheint mir die Situation. Dieser Mann, der bei allen seinen Freunden schlecht über mich geredet hat, lädt mich hier demonstrativ ein und sagt: Was der Bäcker mit mir gemacht hat, damit hätte ich nicht gerechnet. Dass wir hier nun gemeinsam und fröhlich als Freunde feiern können, überwältigt mich.

Diese ganze Begebenheit bewegt mich so sehr, weil ich glaube, dass fast jeder von uns einen Dachdecker im Leben hat. Irgendwelche alten Geschichten, Menschen, mit denen wir einen Konflikt haben, der in unpassenden Momenten wieder hochploppt. Das Schlimme dabei ist, dass es oft die Menschen sind, die uns nahestehen – in der Nachbarschaft, auf der Arbeit, in der Kirche, in der Familie, sei es mit Erbgeschichten oder was auch immer ... Die Bibel fordert uns heraus: Wenn es möglich ist und soweit es an euch liegt, lebt mit allen Menschen in Frieden (Römer 12,18). Dabei bin ich dankbar für die Einschränkung: „so viel an euch liegt". Aber was an uns liegt, das können wir tun. In Jesus haben wir so ein großes Vorbild für diese Art der Versöhnung und Beziehungsklärung: Er geht uns nach, sondiert die Details und sagt: „Ich will in einer geklärten Beziehung mit dir leben."

Was für eine befreiende Wirkung diese Realität hat, habe ich mit meinem Dachdecker erlebt: Wir sind neue (Geschäfts-) Freunde geworden und haben weiter gemeinsame Projekte umgesetzt.

DIE HANUTA-KLINIK

Mein Leben war schon immer mit unterschiedlichsten Aktivitäten angefüllt. Die Arbeit mit abwechslungsreichen Projekten, Veranstaltungen und dem Blick auf die Förderung unserer Mitarbeiter ist nur eine davon. Aber mein Beruf ist für mich nie das Wichtigste gewesen. So engagiere ich mich auch noch in verschiedenen Ehrenämtern, in Verbänden, Vereinen, der Politik, in der Kirche in verschiedenen Funktionen, auf Freizeitcamps. Und dann gibt es ja auch noch meine siebenköpfige Familie, Freunde, Hobbys usw.

Immer wieder werde ich erstaunt gefragt: „Wie schaffst du das denn alles? Und was sagt eigentlich deine Frau dazu?“ Mir hat es einfach viel Spaß gemacht und mich stark motiviert, in verschiedenen Netzwerken Dinge zu bewegen und ein Vorbild zu sein. Das sehe ich als Berufung meines Lebens: Licht zu sein, auf Jesus Christus hinzuweisen, in der Art und Weise, wie ich mich einsetze. Was meine Frau angeht, haben wir klare Prioritäten und nehmen uns ganz bewusst Qualitätszeiten – nach außen hin mag das nicht so sichtbar sein.

Doch irgendwann begann ich allmählich, mit meiner extremen Umtriebigkeit in eine Erschöpfungssituation hineinzurutschen. Immer häufiger gab es Tage, die ich als grau und stumpf empfand, durch die ich mich unrasiert und nachlässig angezogen schleppte. Meistens waren das Tage nach einem besonderen Ereignis, an dem ich etwas präsentiert, moderiert, vernetzt oder sonst wie gewuppt hatte. Morgens auf meinem Schreibtisch lächelte mir dann in der Zeitung ein fesches Bild von Bäcker Plentz entgegen, während mein Spiegel von einer ganz anderen Realität erzählte.

Dieser Zustand potenzierte sich immer mehr. Wenn wir Urlaub machten und ich endlich einmal zur Ruhe kam, wurde ich prompt krank – mein Körper schien mir durch die plötzliche Erkältung oder die jähen Rückenschmerzen zuzuschreien: „He, pass mal auf, hier stimmt was nicht!“

Im Jahr 2015 erreichte diese Situation ihren Höhepunkt. Die Projekte, in die ich involviert war, wuchsen, der Umsatz unserer Bäckerei war der glorreichste überhaupt. Alles schien super zu laufen. Aber körperlich schlug ich auf Grund. Alles, was mein Körper wollte, war Schlaf. Die Müdigkeit übermannte mich regelrecht. Morgens brachte ich es gerade noch fertig, zwei Stunden zu arbeiten. Dann musste ich mich hinlegen, um mich für den nächsten Termin fit zu schlafen. Ich fühlte mich wie ein Fahrradreifen, der ein Loch hat: Man pumpt ihn wieder auf, es reicht für ein kurzes Stück radeln, aber dann ist er wieder platt. Mit Pumpen ist das Problem nur oberflächlich gelöst.

Schließlich senkte sich die unausweichliche Realität in mein Bewusstsein, dass ich mich ausruhen musste, und zwar für längere Zeit. Aber das war unvorstellbar. Wie sollte das gehen, mehrere Wochen aus dem Betrieb auszusteigen? Schließlich war ich doch als Chef nicht einfach so entbehrlich! So arbeitete ich zielstrebig darauf hin, meine Aufgaben zu verteilen, sodass ich eine längere Auszeit nehmen konnte, um in eine Klinik zu gehen. Gemeinsam mit Familienmitgliedern suchte ich nach einer Einrichtung für Menschen mit Burn-out – wie mich. Ja, das war die bittere Tatsache, der ich ins Auge sehen musste.

Als ich eine der Kliniken, die in die engere Wahl kamen, im Vorfeld besuchte, war mir wichtig zu erfahren, welches Konzept dort verfolgt wurde. Bei einem fernöstlich-spirituellen Angebot hätte ich mich nicht wiederfinden können. Die Chefärztin zerstreute meine Bedenken, indem sie sagte: „Wissen Sie was, wir machen das, was wir gut können. Sport, Therapien, Gespräche." Diese Bodenständigkeit gefiel mir und tatsächlich zog ich kurze Zeit später in dieser Klinik ein. Die Aufgaben in der Bäckerei waren verteilt – und zu meinem Erstaunen stellte ich bald fest, wie entbehrlich man doch ist, gerade wenn man in einem starken Team arbeitet. Jetzt konnte ich mich voll meiner Regeneration widmen.

Ganz ehrlich: Solche Zeiten im Leben wünscht man sich nicht, wenn die eigene Kraft kaum noch reicht, um das Nötigste im Alltag zu erledigen. Wochenlang lag eine bleierne Müdigkeit auf mir, ich bekam Hautausschlag und konnte nicht mehr gut denken. Hier in der Klinik schlief ich mich erst einmal aus – teilweise 19 Stunden am Tag. Um die Mahlzeiten nicht zu verpassen, stellte ich mir einen Wecker. Teilweise schaffte ich es nicht einmal, vom Bett zum Tisch in meinem Zimmer zu laufen, so kraftlos war ich. Jetzt merkte ich, wie sehr ich mich vorher zusammengerissen hatte – erst hier, wo mein Körper es sich erlauben konnte, brach die Erschöpfung so richtig über mir herein.

Ich hatte mich entschlossen, mich voll auf die Angebote in der Klinik einzulassen. Was die vielen sportlichen Aktivitäten anging, war das anfangs allerdings nicht wirklich möglich. Bei der ersten Radtour schaffte ich mit Ach und Krach einige wenige Kilometer. Ich hätte einfach umfallen und liegen bleiben können. Die Einzel- und Gruppengespräche habe ich als starke und unglaublich hilfreiche Angebote erlebt, dazu bekam ich Vitaminspritzen und verschiedene Therapien. Besonders erfolgreich war bei mir die Kritzeltherapie – kritzeln, wie man das oft neben dem Telefonieren macht. Das hat zum einen eine entspannende Wirkung. Zum anderen wurde mir dadurch, dass ich mein ganzes Leben in Szenen, mit seinen Höhepunkten und all meinen Engagements, hinkritzelte, auch immer mehr bewusst, was mich an diesen Punkt der Überforderung gebracht hatte.

Wenn die Not groß ist, ist man auch umso motivierter, Gott zu fragen: Wo bist du in dem Ganzen? Mein Gebet war es, dass Gott so zu mir spricht, dass ich ihn auch verstehe und dass ich ihn höre. Anfänglich hatte ich nicht einmal die Power und Konzentration, in der Bibel zu lesen. Tagelang hat mich christliche Musik durchgetragen, die mir die Wahrheiten Gottes ins Herz senkte. Und immer wieder – wie schon in den Wochen zuvor – gebrauchte Gott das Bild vom Adler und den Vers aus Jesaja 40,31: „Aber alle, die auf den Herrn vertrauen, bekommen immer wieder neue Kraft, es wachsen ihnen Flügel wie dem Adler. Sie gehen und werden nicht müde, sie laufen und brechen nicht zusammen" (GNB).

Noch am Vorabend des Klinikaufenthalts hatte mir ein Freund diesen Vers mitgegeben und mir anschaulich erklärt, wie ein Adler zu seinen majestätischen Schwingen kommt: „Während der Mauser kann der junge Adler nicht mehr fliegen. Er muss im Nest sitzen und ist darauf angewiesen, dass ihn seine Familie versorgt. Sonst stirbt er." Ich seufzte innerlich. Genauso fühlte ich mich. „Doch dann geschieht das große Wunder: Nach der Mauser bekommt der Adler riesige Schwingen und lernt dann, in der Kraft der Thermik scheinbar mühelos zu fliegen. Aus dieser Höhe hat der Adler die sprichwörtliche Perspektive von oben – den göttlichen Blick auf die Dinge."

In den kommenden Wochen dachte ich viel über diese Wahrheit nach. Zusätzlich beantwortete Gott mein Gebet, dass ich ihn hören und verstehen kann, ganz praktisch: Plötzlich gab es viele Adler in meinem Leben. Am ersten Kliniktag hatte mir die Chefärztin erzählt, dass sie hier in der Klinik eine Adlertherapie anbieten. Sie beinhaltete, mit den Fischern hinaus auf den

See zu fahren und den Adlern dabei zuzusehen, wie sie sich aus luftigen Höhen herabstürzten, um die kleinen, im Netz übrig gebliebenen Fische zu fressen. Als ich das hörte, schlug es bei mir ein wie eine Bombe und ich wusste einmal mehr: Hier war ich am richtigen Platz.

Gott sprach durch das Bild des Adlers noch weiter zu mir. Entfernte Bekannte riefen mich in der Klinik an und hatten einen Bibelvers für mich. Gleich drei Leute lasen mir Jesaja 40,31 vom Adler vor. Mit der Post erhielt ich eine Karte zur Ermutigung mit einem Adler drauf und diesem Vers. Und als ich hier in Mecklenburg einen Gottesdienst besuchte, ging es auch um denselben Text. Diese kreative Sprache erreichte wirklich mein Herz und gab mir neue Hoffnung. Dass nach der Mauser die wundervollen Schwingen wachsen und diese schwierige Zeit der Hilflosigkeit eine fruchtbare werden könnte.

Dass ich so fliegen wollte wie ein Adler, war mir ziemlich schnell klar. Doch wie vertraue ich Gott mitten in dieser Zeit? Darüber dachte ich viel nach.

Bald merkte ich in der Auseinandersetzung mit dem Burnout, dass eine Bestandsaufnahme notwendig war, um an den Kern der Dinge zu gelangen. Mich beschäftigten die Fragen: Was hat mich an diesen Punkt gebracht? Was sind meine Antreiber? Was sind Dinge aus der Vergangenheit oder noch aus meiner Kindheit, die mich dazu bringen, mir einfach zu viel aufzuladen? Ich betrat ein Universum, das ich bis heute nicht ganz durchdrungen habe. Aber am Ende hatte ich ein weit tieferes Verständnis für all die Zusammenhänge. Immer wieder war ich so berührt, wie Gott die eigentlich unschöne Situation gebrauchte, um Klarheit in mein Leben zu bringen und Segen hervorbrechen zu lassen.

Eine meiner Therapieaufgaben war es, alle meine Verpflichtungen aufzuschreiben: Hauptämter, Nebenämter – allgemein Rollen, die ich in meinem Leben zu spielen hatte. Als sich auf der Liste am Ende 87 Punkte fanden, kam ich aus dem Kopfschütteln nicht mehr heraus. „Keen Wunder, Dietmar!", dachte ich mir nur. Dann bewertete ich diese Punkte nach Wichtigkeit und Zeitintensität – dadurch wurde mir unmittelbar deutlich, was die Zeitfresser waren.

Jetzt galt es, alle 87 Punkte farblich zu markieren: Rot bedeutete – das will ich aus dem Leben streichen. Grün hieß – ist nicht delegierbar. Und Gelb – weiß nicht recht. Diese praktische Aufgabe hat mir enorm geholfen, Klarheit zu bekommen. Alles, was am Ende rot war, klappte richtig gut: Da suchte ich Nachfolger, verabschiedete mich aus Ämtern oder kündigte eine Verpflichtung auf – manchmal auch mit einer Träne im Knopfloch. Richtig schwierig waren die gelben Bereiche – da bin ich teilweise bis heute am Sortieren.

So wurde mir bewusst, dass sich mein Leben in vielen Feldern verändern musste. Da ich in einer Klinik in Mecklenburg war, also nicht irgendwo im tiefsten Schwarzwald, sondern relativ nah an Schwante, kam mich meine Frau häufig besuchen. So konnten wir all die Umbrüche und Erkenntnisse gemeinsam besprechen und füreinander da sein.

Allmählich kehrte die Freude in mein Leben zurück. Zum Beispiel ploppte der Spaß am Spielen ganz neu an die Oberfläche und ich verbrachte so manchen Abend in lustiger Gesellschaft bei einer Runde Skat. Mit der jetzt frei verfügbaren Zeit war es mir auch möglich, einige andere Dinge aus meinem Leben wieder zu aktivieren, die im Lauf der Jahre verschüttgegangen waren. So bat ich Agnes, die angestaubte Gitarre hervorzuholen und mir in die Klinik zu bringen. Allmählich rief ich mir die Griffe wieder ins Gedächtnis. Später traute ich mich sogar, in der Gruppe „Du bist du“ vorzusingen – ein christliches Lied, das die Einzigartigkeit jedes Menschen betont. Als ich am Ende des Lieds von meinen Noten aufsah, sah ich Tränen in den Augen der anderen.

Während ich in der Anfangszeit in der Klinik keine Leute um mich herum ertragen konnte, unternahm ich jetzt wieder gerne etwas mit anderen. Wir erlebten es als unglaublich befreiend, im Gespräch festzustellen, dass man mit seiner Situation nicht allein war. Hier waren alles Leute, die sich, genau wie ich, im Leben verausgabt und das Maß überzogen hatten. Bald hatte unsere Burn-out-Situation an Peinlichkeit verloren: „Wir sind in ’ner Hanuta-Klinik. Wir haben alle einen an der Waffel“, wurde der ulkige Wahlspruch unserer Truppe.

Als ich nach einigen Wochen Klinikaufenthalt weitestgehend wiederhergestellt war, ging ich dort in meiner Rolle als Motor auf: „Kommt, wir machen was zusammen!“ So „brachen“ wir immer mal abends „aus“ und besuchten ein Musikevent, gingen bowlen oder brausten im Cabrio an die nahe gelegene Ostsee und ließen uns den Wind durch die Haare wehen. Gemeinsam entdeckten wir wieder, was Lebensfreude bedeutet. Und wie wohltuend entschleunigende Aktivitäten und fröhliche Geselligkeit sind.

Ich spürte, wie die Kraft in meinen Körper zurückkehrte. Nicht zuletzt konnte ich das daran erkennen, dass ich meinem Charakter entsprechend wieder in Positionen kam und zum Beispiel Patientensprecher wurde. Oder die anderen ermutigen und für sie beten konnte. Es war wunderbar, in die Augen der glücklichen Männer zu blicken, die mir sagten, wie sicher sie sich bei mir fühlten und wie wohltuend es war, mal wieder so viel und aus vollem Herzen zu lachen. Offenbar war vieles bei mir wieder ins Gleichgewicht gekommen.

Lustigerweise nahm ich die Gelegenheit, die Adlertherapie mitzumachen, am Ende gar nicht wahr. Irgendwie hat es einfach nicht geklappt. Das werde ich aber auf jeden Fall nachholen. Was mir aus dieser Zeit jedoch eindrücklich im Gedächtnis bleibt, ist, wie wichtig es ist, die Mauser als Teil des Lebens zu akzeptieren. Die Zeiten, in denen man nicht mehr viel aus eigener Kraft zustande bringt und auf andere angewiesen ist. Um dann wie ein Adler die Kraft der Thermik zu nutzen, „emporzufahren“ – ohne viel eigene Anstrengung, einfach mit den neu gewachsenen majestätischen Schwingen. Und dann die Perspektive von oben zu haben, einen neuen Blick auf das Leben!

Als ich wieder zurück in Schwante war, ließ ich mir zur Erinnerung an diese Wahrheit aus einer alten 5-D-Mark-Münze einen Schlüsselanhänger machen. Das Geldstück mit dem Adler auf der Kopfseite begleitet mich nun immer.

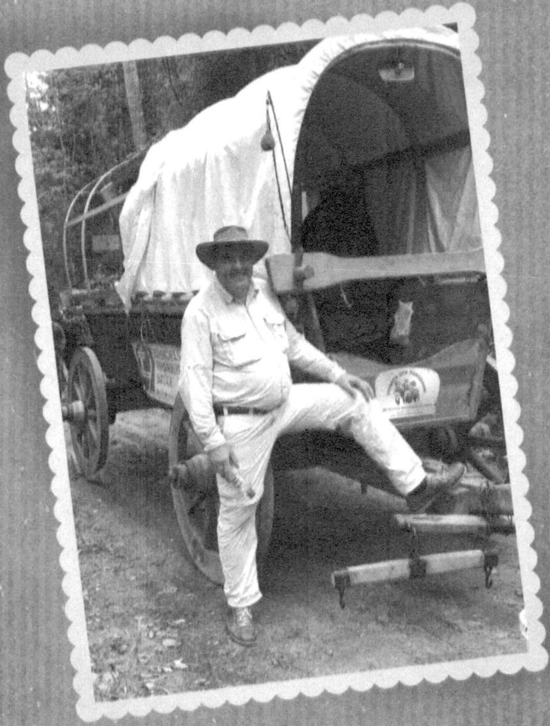

6

Auf Touren

TATKRÄFTIGES ENGAGEMENT

BROT

COME TO COLORADO COUNTRY

Die christlichen Sommerlager, die die beiden Freikirchen unserer Region in Oberkrämer und Oranienburg ab 1998 jährlich veranstalteten, prägten eine Epoche meines Lebens ab meinen Mittdreißigern. Jeden Sommer war ich hier mit Leib und Seele dabei, die Jugendlichen auf eine Abenteuerreise zu begleiten – sei es ins Alte Ägypten, zu Martin Luther, den Wikingern, nach China oder England und vieles mehr. Viele Male organisierte oder leitete ich das „SoLa" mit.

Nachdem wir die allererste dieser Campfreizeiten auf der idyllischen Halbinsel des Schwantener Sees durchgeführt hatten, war uns sofort klar: Das wollen wir weiter machen und ausbauen! Zugleich stellten wir fest, wie viel organisatorischer Aufwand nötig war und dass es mehr Strukturen brauchte, auch was die Sicherheit anging. So hatten wir als Organisationsteam den Mut, bei einer Gemeindesitzung in Oberkrämer die Bitte um finanzielle Unterstützung anzumelden. Wir freuten uns sehr, dass uns diese zugesagt wurde. Auf diese Weise wurde das SoLa zu einem Projekt der Kommune: mit Polizeischutz, aber auch mit Bestimmungen wie der behördlichen Abnahme der Zeltstadt, Kontrollen des Gesundheitsamts sowie Wasserproben aus dem Schwantener See.

Im zweiten Jahr sollte unsere „Reise" nach Colorado gehen. Mit dem Motto „Come to Colorado Country" luden wir die Kinder und Jugendlichen zum SoLa ein, wo wir die schöne und auch entbehrungsreiche Geschichte der Pioniere im Westen der USA erzählten.

Passend zum Thema hatten wir uns etwas ganz Besonderes ausgedacht: Für die 100 Teilnehmer und 50 mitarbeitenden Jugendlichen hatten wir Planwagen gemietet, die man von Hand ziehen konnte. Als Karawane aus Planwagen starteten wir aus dem Scheunenviertel im nahe gelegenen Ort Kremmen auf einen abenteuerlichen Treck zum eigentlichen Zeltlager, mit einer Übernachtung im Freien auf dem Weg dorthin.

Alle Teilnehmer und Mitarbeiter waren in Siedlerfamilien eingeteilt, die sich umeinander kümmerten und verschiedene Hindernisse zu überwinden hatten. Da gab es Schwierigkeiten zu meistern, wie einen Fluss ohne Brücke zu überqueren – mitsamt Wagen und allem Gepäck. Oder auf dem Weg unter notdürftigen Planen zu übernachten. Schließlich kamen alle Teilnehmer gut in „Colorado Country“ an und richteten es sich dort in ihren Zelten ein. Wir verbrachten eine tolle Woche mit herrlichen Abenden am knisternden Lagerfeuer, Begeisterung beim Singen, viel Sport und indem wir mit den Jugendlichen über Gott und die Welt redeten.

An einem Abend schlüpfte ich, in diesem Jahr Teil der Lagerleitung, mal wieder ziemlich müde in meinen Schlafsack. Erschöpft und ausgepowert dachte ich mit einer gewissen Dankbarkeit daran, dass das Ende der Woche in Sicht war. Als ich gerade meine Augen schließen wollte, kamen ein paar treue und zuverlässige Mitarbeiter (in dieser Nacht für die Nachtwache eingeteilt) zu mir ins Zelt. Sie redeten auf mich ein: „Dietmar, wir hatten zwar gesagt, wir machen dieses Jahr keinen Überfall. Aber wir würden das so gerne tun. Wir wollen die Kinder ein bisschen erschrecken.“ Müde stimmte ich schließlich zu. Freudig verließen die Mitarbeiter mein Zelt und ich versuchte, ein paar Stunden Schlaf zu bekommen.

Doch in dieser Nacht sollte ich kaum ein Auge zutun.

Nicht lange danach, als alle friedlich schliefen, raschelte es plötzlich, hier und da hörte man Geräusche, bis ein riesiges

Geschrei durch das Dunkel ging. In der Nacht wirkte es noch bedrohlicher, der Radau kam aus allen Richtungen und kurz machte sich Panik breit. Die kleineren Kinder schreckten aus ihren Schlafsäcken hoch, blickten verschreckt um sich, einige kauerten sich in ihren Zelten hinter den Eingang und lugten vorsichtig heraus. Andere kamen vor Schreck aus ihren Zelten heraus. Besonders die jüngeren Kinder erschreckten sich gewaltig. Doch nach nicht allzu langer Zeit hatten einige die Übeltäter als die wohlbekannten Mitarbeiter ausgemacht und konnten die aufgescheuchten Kinder wieder beruhigen. Ich muss schon zugeben: Es war ein spektakulärer, gelungener Überfall.

Irgendwann nach Mitternacht beruhigte sich alles wieder, über dem Lager kehrte friedliche Stille ein und alle kuschelten sich zurück in ihre Schlafsäcke. Auch ich drehte mich todmüde auf meinem Schlafplatz um und schloss die Augen, als kurz darauf ein Mitarbeiter zu mir kam und mit alarmiertem Ton in der Stimme sagte: „Ein Kind fehlt!" Schlaftrunken antwortete ich: „Noch ma durchzählen." Doch nach einiger Zeit kehrte der Mitarbeiter zurück und bekräftigte: „Ein Kind fehlt." Allmählich wurde ich wacher. „Wir müssen noch ma zählen – vielleicht is der ja im falschen Zelt." Doch auch das erneute Durchzählen bestätigte: Ein Kind fehlte.

Es war inzwischen zwei Uhr morgens und wir wussten nun auch, wie der elfjährige Junge, der vermisst wurde, hieß. Mich warf die Situation in ein Wechselbad der Gefühle – ich fühlte mich überfordert, war müde, andererseits auch hellwach von der Anspannung. Nach einem großen Kaffee und viel Gebet mit den Mitarbeitern entschlossen wir uns, die Eltern anzurufen. Wie gerne hätte ich gesehen, dass sich alles in Wohlgefallen auflöst. Doch ich spürte, es war meine Verantwortung, die Eltern zu verständigen. Mir war sehr mulmig zumute. Mitten in der

Nacht aus dem Bett geklingelt zu werden und zu erfahren, dass ihr Sohn irgendwo im Wald oder am See nicht auffindbar war, alarmierte sie natürlich gehörig. Aufgeregt sagten sie, sie würden sofort zu uns ins Lager kommen.

Noch immer war es stockdunkle Nacht, als Mutter und Vater eintrafen und wir ihnen alles, was passiert war, noch einmal genau erzählten. Diese Nacht war die Stunde der Beter in unseren Reihen. Insbesondere wenn wir an unsere Grenzen stoßen, wissen wir, wie nötig wir Gottes Hilfe haben, und dann fällt Beten besonders leicht. In dieser Nacht hatten wir hohe Erwartungen an Gottes Hilfe. Dennoch waren wir verantwortlich und der Junge nirgendwo auffindbar. Wer weiß, was ihm zugestoßen war.

So mussten wir neben dem Beten auch ganz praktisch handeln: Wir riefen die Polizei, die kurz darauf auf dem Platz war. Ein Beamter nahm alle Fakten auf und fragte noch einmal eindringlich, ob wir uns auch wirklich sicher seien, dass dieser Junge fehlte. Bis heute sehe ich den Amtsträger vor mir stehen, mit seinem am Bauch gespannten Hemd, wie er mit dem Finger auf meine Brust tippt und fragt, ob ich hier der Verantwortliche sei. Ich bejahte – und in dem Moment wurde mir mit einer Wucht klar, wofür ich hier geradestand. Ich bekam weiche Knie. „Sind Sie sich ganz sicher, dass der Junge fehlt?", fragte er noch einmal mit Nachdruck. Ich nickte. „Herr Plentz, Sie glauben nicht, was wir hier gleich lostreten, wenn das Kind wirklich fehlt. Seien Sie versichert, dass wir es finden werden, aber machen Sie sich auf etwas gefasst." Nun gab er seinen Kollegen grünes Licht und im Nu wurden Hubschrauberstaffeln, Hundertschaften von Einsatzkräften sowie Hundestaffeln geordert, um die ganze Gegend nach dem Jungen zu durchkämmen.

Verdutzt standen wir daneben und fühlten uns wie im Film.

Die Eltern, die sehr besonnen und ruhig blieben, erzählten uns, ihr Sohn sei zu diesem SoLa zum ersten Mal überhaupt von zu Hause weg und sie seien schon erstaunt gewesen, dass er so lange durchgehalten hatte. Besonders auch deshalb, weil er eine Fernsehserie so sehr liebte, dass er sie nie verpasste.

Während wir noch im Dunkeln standen und der Dinge harrten, die da kommen würden, erhielt der Beamte den Anruf, dass die Fliegerstaffel mit den Hubschraubern noch keine Starterlaubnis habe und erst ab sechs würde abheben können. So begannen die ersten Polizisten den See und die benachbarten Inselteile abzusuchen. Doch bevor die ganze Suchaktion so richtig Fahrt aufnahm, kam um kurz vor sechs ein Anruf von der Polizeistelle: Ein Bürger hatte ein völlig durchnässtes Kind durchs Dorf laufen sehen und daraufhin die Polizei verständigt. Wir atmeten tief und erleichtert auf: Es war „unser" Junge! Er war gefunden worden und unversehrt. Gott sei Dank!

Wenig später konnten die Eltern ihren Jungen erleichtert und mit feuchten Augen in die Arme schließen. Auch mir fielen etliche Steine vom Herzen – die Sorge um den Jungen. Noch dazu, wo dieses Camp mit so großer Medienaufmerksamkeit angekündigt und begleitet worden war. Das hätte ein Skandal werden können ...

Schließlich erfuhren wir, was sich zugetragen hatte: Der Junge hatte sich beim nächtlichen Überfall in die fiktive Welt seiner Lieblingsserie versetzt – wie er es wohl immer wieder schon getan hatte. Felsenfest war er davon überzeugt, der Überfall auf das Lager sei echt gewesen. In seiner Filmwelt war er der einzige Überlebende, der fliehen konnte. So schwamm der von Panik ergriffene Elfjährige mitten in der Nacht durch den Schwantener See. Am anderen Ufer war er dann erschöpft liegen geblieben und auf der Stelle eingeschlafen. Als ihn irgendwann die

Kälte weckte, rappelte er sich auf und lief in den nahe gelegenen Ort, wo ihn dann der Mann, der Gott sei Dank schon so früh wach war, gesehen hatte.

Die Eltern des Jungen waren sehr berührt davon, wie professionell wir mit dieser Situation umgegangen waren. Uns Mitarbeiter hat die Situation gelehrt, was es heißt, ohne Unterlass zu beten. Der Schrecken der Situation hat uns direkt zu Gott getrieben und eine Truppe von uns hatte die ganze Zeit über gebetet, bis der Junge wieder gefunden war.

RAUS AUS DEN KIRCHENMAUERN

Der Tag, als meine älteste Tochter Annica eingeschult wurde, war ein ganz besonderer Tag für mich. Da stand sie, meine Sechsjährige, schön geschmückt und herausgeputzt mit einem hübschen Kleid und ihrer großen Schultüte. Mich als Vater machte das sehr stolz, sie so zu sehen.

Mit der Einschulung veränderte sich aber nicht nur für Annica der Alltag, sondern auch bei uns brachte ihr Schülerinnendasein viel Neues. So manche Abläufe mussten neu gedacht werden, wie das alle Eltern von schulpflichtigen Kindern kennen: Familienurlaube mussten nun in der Ferienzeit geplant werden, der Tagesablauf und die Zubettgehzeiten erforderten mehr Disziplin. Und auch einige neue Termine nahmen Einzug in unsere Kalender.

So fand wenige Wochen nach der Einschulung der erste Elternabend statt. Meine Frau Agnes und ich fuhren dorthin, setzten uns im Klassenzimmer unserer Tochter auf die niedrigen Holzbänke und wurden mit verschiedenen Themen vertraut gemacht, die uns als Eltern einer Schülerin von nun an beschäftigen würden.

Es dauerte nicht lange, da wurde ich angesprochen, ob ich mir nicht vorstellen könnte, mich hier zu engagieren. Ich zögerte innerlich. Bislang hatte sich mein ehrenamtlicher Einsatz vorwiegend auf die Kirche beschränkt – mit den verschiedenen Aufgaben, die ich dort regelmäßig übernahm – und das schien mir so auch gut und richtig. Doch schließlich kam es dazu, dass ich am Ende des Abends zum Elternsprecher der Klasse gewählt wurde. Hauptsächlich lag es wohl daran, dass ich nicht Nein gesagt hatte …

Die Aufgabe fiel mir nicht schwer, besonders da ich in der Kirche in der Kinder- und Jugendarbeit sehr aktiv war und viel Kontakt mit dieser Altersgruppe hatte. An Ideen und Möglichkeiten für tolle Aktionen mangelte es mir auch nicht: Als Bäcker kann man viele schöne Dinge mit einer Klasse machen, wie in der Adventszeit einen Tag in der Bäckerei verbringen, Lebkuchenhäuser bauen oder Gebäck verzieren.

Nicht lange nach der Wahl zum Klassenelternsprecher wurde ich Mitglied der Schulkonferenz, in der sich fünf Eltern, vier Lehrer und fünf Schüler und der Schulleiter um die allgemeinen Belange der gesamten Schule kümmern. Da ging es dann um Themen wie neue Papierkörbe im Schulgebäude, saubere Klos, die Organisation des Mittagessens oder auch die Planung der Schulweihnachtsfeier und anderer Events. Immer wenn ich für die Treffen abends zur Schule fuhr, kam ich an unserer Kirche vorbei – dort, wo ich sonst für mein Ehrenamt eingebogen war. Das war anfangs ein Konflikt für mich, nun nicht mehr nur in der Gemeinde so aktiv zu sein.

Als wir die Projektwochen an der Schule planten, wurde der Vorschlag, eine Indianerwoche durchzuführen, begeistert aufgenommen. Praktisch sollten sich eine Woche lang unterschiedliche Klassen mit der Geschichte, Kultur, Entwicklung und den Herausforderungen der Ureinwohner Amerikas auseinandersetzen. Das Neue war, dass durch meine Kontakte zwei Kirchengemeinden die Gestaltung der Projektwoche übernehmen würden. So boten engagierte Jugendmitarbeiter spannende Workshops an: Floßbauen, Fährten- oder Knotenkunde, indianische Handwerkskunst, Pflanzen bestimmen oder Bogenschießen. Und ich konnte mich so richtig austoben mit meiner Motto- und Verkleidungsleidenschaft.

Wie immer begannen die Projekttage mit einem großen

Schulappell, zu dem alle Lehrer und Schüler zusammenkamen. Den Morgen starteten wir stimmungsvoll mit langsamer Winnetou-Filmmusik. Einige der Gemeindemitarbeiter zündeten sich genüsslich eine große, selbst gebaute Friedenspfeife an, zelebrierten das Ritual, dass der Medizinmann mit dem weißen Mann Frieden geschlossen hatte, husteten spaßig dabei und versäumten natürlich nicht zu erklären, dass Rauchen ungesund, aber in dem Fall für den Frieden gut sei.

Dann gab es ein Anspiel, das in die Welt der Indianer hineinführen sollte. Natürlich musste der Schuldirektor einen aktiven Part spielen. Also besorgte ich dem „Häuptling" ein tolles Indianerkostüm und trug ihm auf, er solle auf „Indianisch" irgendwas erzählen. Auf diese Weise brauchte der viel beschäftigte Direktor keinen Text auswendig zu lernen. Vergnügt kauderwelschte er mit unverständlichen Lauten und Silben irgendetwas daher, während die Federn auf seinem Kopf hin und her tanzten und „Weißer Büffel" – das war ich – „übersetzte". Die Schüler bogen sich vor Lachen; so hatten sie ihren „Häuptling" noch nie erlebt!

Als ich die unverständlichen Laute des Direktors unabgesprochen in überbordendes Lob für seine Frau ummünzte – die ebenfalls anwesende Sportlehrerin der Schule –, sorgte ich erneut für große Heiterkeit. Im Brustton der Überzeugung ließ ich den sichtlich überrumpelten Direktor sagen: „Heute in der Morgensonne sah ich diese grazile Frau, wie eine Gazelle stand sie da. Als sie mich mit ihren wunderschönen Augen ansah, erinnerte sie mich an die Schönheit einer Hirschkuh." Die Aula war voller tosendem Gelächter.

Und auch ich ließ mich natürlich nicht lumpen und erzählte mit epischen Worten, die mir der Indianermentalität zu entsprechen schienen: „Wir sind viele Monde lang geritten, um heute

Morgen hier zu sein." Dann berichtete ich davon, wie mutig und sportlich Indianer sind, und stellte die Workshops vor, bei denen die Kinder mehr von „uns" Indianern lernen konnten. Am Ende zeigte sich: Die Projektwoche war ein voller Erfolg gewesen und auch eine schöne Möglichkeit, den Schülerinnen und Schülern christliche Werte zu vermitteln.

Allmählich spürte ich, dass ja auch außerhalb meiner gewohnten Kirchenmauern ein Betätigungsfeld lag, in dem ich mich mit meinem Glauben aktiv einbringen konnte. Auch entstanden zu den anderen Eltern der Schulkonferenz im Laufe der Zeit enge Freundschaften – und unglaublicherweise kamen alle von ihnen zum Glauben. Das ist für mich immer wieder ein großes Wunder, wenn Gott die Herzen von Menschen erreicht.

Mir dämmerte zunehmend, dass Gott mir gerade zeigte, wo ich meinen Platz im Leben hatte: War er vorher hauptsächlich in meiner Bäckerei und in der Kirche gewesen, so berief er mich jetzt, mich in der Gemeinde und für die Belange der Nachbarn einzusetzen. Dass ich dort, wie Jesus es ausdrückte, Salz und Licht sein durfte.

Zugegebenermaßen habe ich in der Schulkonferenz nicht länger als vier Jahre durchgehalten, da durch meine recht sichtbare Aktivität Kommunalpolitiker auf mich aufmerksam wurden. Sie baten mich, mich in der Gemeindepolitik zu engagieren. So wurde ich bald Mitglied im Gemeinderat und setzte mich im Sozialausschuss unter anderem weiter für die Belange der Schule ein. Ich spürte, dort sollte es für mich weitergehen.

FRÜHSTÜCK MIT BARACK OBAMA

Nachdem ich mir nach meinem Burn-out den Adler-Schlüsselanhänger zur Erinnerung an das kraftvolle Bild eines sich aufschwingenden Adlers hatte machen lassen, fiel es mir plötzlich wie Schuppen von den Augen: Sowohl die Bundesrepublik Deutschland als auch das Land Brandenburg tragen diesen Raubvogel in ihren Wappen! Zeichnete sich hier vielleicht ein Zusammenhang ab? Wollte Gott mir durch dieses wiederkehrende Symbol etwas sagen?

Immer wieder und immer häufiger hatte er mir in den vergangenen Jahren Türen zu Menschen geöffnet, die in politischer Verantwortung standen, die ich ermutigen und mit denen ich beten konnte. Mir war es ein Herzensanliegen, mich in der Politik zu engagieren und Staatsmänner und -frauen an ihre Verantwortung gegenüber Gott und Menschen zu erinnern, sie darin zu bestärken und zu segnen.

Durch verschiedene Gespräche und Begegnungen bekam ich Kontakt zu einem Kreis, der die Gebetsinitiative des Deutschen Bundestages unterstützt. Das ist eine weitreichende Arbeit mit unterschiedlichen Formaten auf verschiedenen Ebenen – im Bundestag, in Landtagen, unter Diplomaten –, deren Fokus jedoch auf dem Bundestag und den Abgeordneten dort liegt. Anfangs habe ich diese Arbeit nur finanziell unterstützt, später auch Veranstaltungen besucht und geschaut, wie ich hier noch aktiver werden kann.

Im Gebetskreis des Deutschen Bundestages treffen sich während der Sitzungswochen Abgeordnete zum Frühstück und beten miteinander. Viele schätzen es, sich frei von Fraktionszwängen als Menschen zu begegnen und sich auszutauschen –

insbesondere wo Entscheidungen zu treffen sind, bei denen man persönlich in seiner Ethik herausgefordert ist. Zum Beispiel wenn es um Themen wie Abtreibung oder den Umgang mit Embryonen geht. Hier teilen gläubige Politiker das Bedürfnis, verantwortlich vor Gott damit umzugehen, und ermutigen sich gegenseitig.

Dieses Netzwerk der politischen Gebetsfrühstücke gibt es weltweit. Es entstand in den 1930er-Jahren in den USA, als Amerika vor der schwierigen Entscheidung stand, ob es sich am Zweiten Weltkrieg beteiligen sollte oder nicht. Das war sehr schwer für die US-amerikanischen Abgeordneten – und dieser Moment des Ringens wurde zur Geburtsstunde einer Gebetsbewegung, aus der schließlich das „National Prayer Breakfast" entstand, das Nationale Gebetsfrühstück. Bis heute findet es einmal pro Jahr in den USA statt, meist unter der Teilnahme des amtierenden US-Präsidenten.

Durch mein Engagement für diesen Kreis in Deutschland hatte ich im Februar 2016 die Gelegenheit, in die USA mitzukommen – zum letzten Frühstück unter der Präsidentschaft Barack Obamas. Wir reisten mit einer 25-köpfigen Delegation im Auftrag des Bundespräsidenten, darunter einige Abgeordnete, Leute der Initiative, Multiplikatoren, namhafte Christen und auch Unterstützer des Kreises wie ich.

Als Beitrag überlegte ich mir, große Brote zu backen, verziert mit einer amerikanischen und einer deutschen Flagge, auf denen steht: „Jesus – Bread of Life", Jesus – Brot des Lebens. Doch dann hörte ich, dass es problematisch sein kann, frische Lebensmittel in die USA einzuführen. Schließlich backte ich, um auf Nummer sicher zu gehen, drei dieser Brote und versuchte, sie auf unterschiedlichen Wegen in die USA zu bringen – einer würde ganz bestimmt klappen. Ein Brot hatte ich in meinem persönlichen Gepäck verstaut, ein Brot an eine private Adresse geschickt – an die Gastfamilie, bei der meine Tochter Emelie ein Auslandsjahr gemacht hatte – und eines an die Organisatoren in New York.

Mit dem Brot im Gepäck kam ich glücklicherweise gut durch den Zoll – es wurde ausgepackt, inspiziert, aber durfte mit. Auch die anderen Brote kamen heil und ohne Weiteres an, sodass die Gastfamilie, die in den Startlöchern stand, um mir das Brot nach New York nachzusenden, dieses genüsslich selbst verzehren durfte.

Am Tag vor dem National Prayer Breakfast besuchten wir mit unserer Delegation das UN-Gebäude in New York. Als wir vor diesem ausgesprochen hässlichen 70er-Jahre-Betonblock standen, war ich doch sehr ernüchtert. In den TV-Übertragungen hatte alles immer viel glanzvoller und pompöser gewirkt. Drinnen empfing uns der deutsche Botschafter bei der UN und wir bekamen eine Führung durch das ganze Hauptgebäude, auch durch den Saal mit den blauen Stühlen, den man vom Fernsehen kennt, wenn sich die Vereinten Nationen treffen und beraten.

In einem Nebenraum nahmen wir als deutsche Delegation an einer politischen Diskussionsrunde mit Vertretern der UN aus dem Umfeld des deutschen Botschafters teil. Ich hatte für das Protokoll angemeldet, dass ich ein Gastgeschenk übergeben wollte, und dafür auch das Rederecht erhalten. Während ich auf meinem Stuhl saß und die Diskussion verfolgte, wartete mein erster wunderschöner Brotlaib in einer Verpackung, die ihren Inhalt nicht erkennen ließ. Als ich dann an der Reihe war, lüftete ich das Geheimnis und überreichte vor allen Versammelten das „Bread of Life“ mit den beiden Nationalflaggen darauf.

Freimütig erzählte ich nun, was ich auf dem Herzen hatte:

Aufgewachsen in der DDR hatte ich immer gedacht, dass ich die USA nie würde besuchen können. Doch heute war ich inmitten von Manhattans Wolkenkratzern aufgewacht, während heulende Sirenen und knatternde Hubschraubergeräusche an mein Ohr drangen, was ich sonst nur aus Filmen kannte. Mein Traum hatte sich doch noch erfüllt!

Das war nur möglich, weil es in Deutschland eine friedliche Revolution gegeben hatte und die Mauer gefallen war. Und dafür gab es zwei wesentliche Gründe: zum einen mutige Menschen, die kluge Entscheidungen getroffen haben – die zum Beispiel entgegen ihrer Dienstanweisung nicht geschossen haben. Und zum anderen Christen, die in Kirchen gegangen sind und gemeinsam gebetet haben, dass der Umbruch gewaltfrei vonstattengehen würde.

Mit diesen Worten überreichte ich das Brot und wünschte dem Botschafter und den anderen Anwesenden, dass auch wir heute mutige Menschen sein mögen, die gute Entscheidungen treffen und die Chance des Gebets nicht außer Acht lassen. Und dass Gott seinen Segen dazu gibt. Auch ein Stück der Berliner Mauer hatte ich zu diesem Anlass dabei, das ich ebenfalls dem Diplomaten als Erinnerung überreichte. Auf Nachfrage durfte ich auch noch einen Segen für den Botschafter und die anderen Anwesenden sprechen.

Wenig später nahm mich der Delegationsleiter beiseite und maßregelte mich: „Herr Plentz, sicher hat man mit Ihnen schon geredet. Das, was Sie da eben gemacht haben, muss vorher abgesprochen werden." Um mir nach einigen Momenten die Hand auf die Schulter zu legen und zu flüstern: „Das haben Sie ganz toll gemacht." Alles, was ich dazu sagen konnte, war, dass ich einfach nach meinem Herzen gehandelt hatte.

Am nächsten Tag brachen wir mit der Delegation früh auf

und fuhren nach Washington D. C. Dort fand das große Frühstück im Hilton statt – über 3000 Menschen aus 130 Nationen kamen zusammen. Natürlich herrschte die höchste Sicherheitsstufe und jeder wurde wie am Flughafen einer Personenkontrolle unterzogen, die Frauen durften keine Handtaschen mit hineinnehmen und auch die Handys wurden den Gästen abgenommen.

Es waren so viele Menschen, dass gar nicht alle in den internationalen Festsaal des Hotels passten und nicht wenige nur per Videoübertragung teilnehmen konnten. Meine zugewiesene Platzierung allerdings war im Hauptraum selbst. Inmitten dieser riesigen internationalen Menschenmenge zu sein, war ein erhebendes Gefühl. Mich überrieselte ein Gänsehautschauer. So viele Menschen aus den unterschiedlichsten Nationen waren dort zusammengekommen, durch den Glauben miteinander verbunden.

An meinem Tisch saßen unter anderem Vertreter aus Afrika und Montenegro, mit denen wir uns in brüchigem Englisch unterhielten. Am Nachbartisch frühstückten Russen und Ukrainer miteinander, deren Heimatländer offiziell gerade gegeneinander Krieg führten. Doch hier konnten sie sich als Glaubensgeschwister begegnen. Ich schüttelte innerlich den Kopf, als mir dieses Wunder bewusst wurde. Gemeinsam genossen wir das ausgesprochen leckere und erstaunlich gesunde Frühstück – auch mein dritter Laib Brot hatte seinen Weg auf das Büffet gefunden.

Auf der Bühne, die einen verschärften Sicherheitsbereich darstellte, waren Ehrengäste wie Staatsgäste, Hauptredner und Gründer des Gebetsfrühstücks platziert und von Security und Bodyguards umgeben. Barack Obama war noch nicht eingetroffen und alle warteten gespannt, während das imposante Programm aus Musik, Reden und Darbietungen von zwei unglaublich eloquenten, höchst gestylten und perfekt in Schale geworfenen Moderatoren flankiert wurde – zwei gläubigen Schauspielern, in ihrer Bekanntheit vielleicht zu vergleichen mit Thomas Gottschalk und Dieter Bohlen. Hier konnte man tatsächlich so etwas wie Hollywood-Luft schnuppern!

Leider kam ich bei den Witzen im schnell gesprochenen, emotionalen amerikanischen Slang nicht wirklich mit und verpasste oft den Anlass für die Lacher. Nur wenn jemand von meiner Delegation in der Nähe war, kam ich in den Genuss einer Übersetzung. Aber es war nicht schlimm, ich amüsierte mich und freute mich riesig, Julia Timoschenko und Morgan Freeman persönlich begrüßen zu können. Was für eine Ehre!

Schließlich kündigte sich das Kommen des amerikanischen Präsidenten an. Eigentlich hätte vor dem Frühstück noch ein „Meet and Greet" stattfinden sollen, bei dem ausgewählte Gäste die Chance hätten bekommen sollen, Barack Obama bei einem ersten Kaffee persönlich kennenzulernen und ein paar Worte mit ihm zu wechseln. Diese strikt limitierten Plätze waren heiß begehrt. Doch durch einen übervollen Arbeitsvormittag war dieses Warm-up nun zum Bedauern aller Ausgewählten ausgefallen und auch zum Frühstück selbst erschien der Präsident nun mit einiger Verspätung.

Sofort änderte sich die Stimmung im Saal und ein leises Raunen ging durch die Reihen, als der amerikanische Staatschef zusammen mit seiner adrett zurechtgemachten Frau Michelle eintrat und sich die Aufmerksamkeit aller auf das Paar richtete. Gut gelaunt und die Gäste im Vorbeigehen grüßend bahnte sich der Präsident einen Weg zur Bühne. Offen gestanden bin ich vor Ehrfurcht nicht erstarrt – Obama ist ein Mensch wie jeder andere, eben in einer wichtigen, hohen, fordernden Verantwortungsposition. Doch mich beeindruckte, wie sympathisch er sich bewegte, wie unbefangen und selbstverständlich er die anderen Leute an seinem Frühstückstisch begrüßte.

Als schließlich das amerikanische Staatsoberhaupt zu seiner Rede ans Rednerpult gebeten wurde, hörten alle mit äußerster Spannung zu. Dieser gestandene Staatsmann gab ein wirklich starkes Bekenntnis seines christlichen Glaubens. Da es auf das Ende seiner Amtszeit zuging, konnte er so klare Worte dafür wählen, was ihm im Glauben wichtig ist. Ehrlich und nahbar sprach er davon, dass es Zeiten gibt, in denen er sich fürchte wie viele andere auch. Aber Gottes Geist erfülle ihn mit Glauben für die Zukunft. Denn „Gott hat uns nicht einen Geist der Verzagtheit gegeben, sondern der Kraft und der Besonnenheit und der Liebe", zitierte er aus Kapitel 1 des 2. Timotheusbriefs.

Solche klaren Worte eines Präsidenten zu hören, ermutigte und beeindruckte mich. Und dort auf meinem Platz erfasste mich neu ein Gefühl tiefer Dankbarkeit, dass ich hier dabei sein und das alles erleben durfte. Diese ganze Reise und die Erfahrung, so viele Christen in Verantwortung zu sehen, gaben mir neuen Antrieb und Motivation für mein Engagement in Deutschland.

Nach meiner Rückkehr aus New York gab ich einer Zeitung ein Interview über meine Erlebnisse, in dem ich sagte: „Mich hat ermutigt, wie viele Führungskräfte in Verantwortung vor Gott leben und an ihren jeweiligen Stellen christliche Werte leben. Das könnte in Deutschland durchaus stärker ausgeprägt sein. Ich nehme deswegen die Frage mit, was mein Beitrag sein könnte, dass Christen hier auch stärker zum Salz der Erde werden."

EIN GEN FÜR GOTT

Mir ist es ein großes Anliegen, jedem gegenüber jederzeit bereit zu sein, zu meinem Glauben zu stehen und Rechenschaft über den Grund meiner Hoffnung abzulegen, wie es in der Bibel heißt (1. Petrus 3,15f.). Der Zusatz „mit Sanftmut und Ehrerbietung“ ist für mich dabei ganz wichtig, nämlich dass es nicht darum geht, jemanden zu drängen oder forsch zu sein. Dennoch rede ich bewusst offen von meinem Glauben. Meine Überzeugung ist es, dass jeder Mensch ein „Gen“ eingebaut hat, das ihn gegenüber Gott empfänglich macht oder das ihn dazu bringt, sich nach dem Ewigen zu sehnen.

Als Bäcker bin ich oft Sponsor bei Veranstaltungen. Ein Nebeneffekt: Man ist bei allen beliebt und wird angehört. Einmal bat mich Detlef Spindler, ein alter Funktionär für Kultur in der DDR, der nun den Jugendklub im Nachbarort Germendorf leitete, um Unterstützung für eine Feier. Detlef war ein unglaublicher Mann, er war ein hohes Tier in der DDR gewesen, der unter anderem für die deutsch-vietnamesischen Kontakte zuständig und als Kulturattaché mit dem Staatsrat häufig in Hanoi gewesen war. Auch hatte er einmal Fidel Castro in dessen Haus besucht und gehörte zum engen Zirkel der politisch Verantwortlichen.

Seinen Lebensmittelpunkt aber hatte Detlef in Hennigsdorf, wo er Kulturverantwortlicher eines großen Stahlkombinats mit 9000 Mitarbeitern gewesen war. Dazu war Detlef ein äußerst geselliger Mensch und Lebemann: Er konnte singen und dank seiner Ballettausbildung toll tanzen. Wenn er mit seiner Männerballetttruppe etwas aufführte und dann – in derselben Gewichtsklasse wie ich, so um die drei Zentner, nur ein bis zwei Köpfe kleiner als ich – in den Spagat fiel, tobten die Massen.

In der Nachwendezeit, Detlef war mittlerweile um die 50, war sein Amt als Kulturfunktionär mit der DDR verschwunden und er leitete nun, als Teil einer Arbeitsbeschaffungsmaßnahme, voller Elan den Jugendklub der Gemeinde Germendorf. Bei diesem offenen Jugendtreff konnten junge Leute den Nachmittag verbringen, Hausaufgaben machen, Billard oder Fußball spielen, es gab gemeinsame Aktionen wie Kochen oder Ausflüge. Als Detlef dann für eine Weihnachtsfeier bei uns in der Bäckerei anfragte, ob sie dafür Unterstützung bekommen könnten, sponserten wir ihnen Gebäck. Ich gab ihm außerdem den evangelistischen Jesusfilm von Campus für Christus mit, den wir in diesem Jahr unseren Kunden zu Weihnachten schenkten. Ihm gab ich ihn mit dem Hinweis, dass es interessant für die jungen Leute sein könnte, die Weihnachtsgeschichte zu sehen und was daraus entstand. Detlef nahm die Videokassette dankbar an – was sollte er auch sagen, dem Sponsor gegenüber ist man schließlich höflich. Doch tatsächlich bot er im Jugendklub an, den Jesusfilm kurz vor Weihnachten zu zeigen.

Als Tausendsassa, der er war, war er nicht nur im Männerballett, sondern dazu noch in verschiedenen Vereinen und Chören der umliegenden Dörfer aktiv, auch bei den lustigen Sängern des nahegelegenen Karnevalsklubs, den ich als Bäcker jedes Jahr unterstützte. Obwohl sich das für mich als Christ, ehrlich gesagt, etwas komisch anfühlte. Ich war nicht mit dieser Kultur groß geworden, sondern eher damit, dass man Fasching wegen seiner heidnischen Herkunft kritisch beäugte. So kam es, dass wir die Feierlichkeiten zwar sponserten, ich aber noch nie dabei gewesen war.

In einem Jahr wurde ein sehr guter Freund von mir Präsident des Karnevalsvereins. Er drängte mich: „Dietma, wann kommste endlich ma und guckst es dir an?“ Mit einem Blick in den Kalender stellte ich fest, dass ich in diesem Jahr wirklich freihatte, da gab es keinen anderen Termin, keine Ausrede. Also sagte ich zu.

So fuhr ich an einem kalten Februartag mit einem mulmigen Gefühl los. Als ich vom geparkten Auto zur Festhalle lief, wo die Party schon in vollem Gange war, betete ich: „Gott, ich möchte als dein Vertreter da hingehen, möchte bereit sein, von deiner Hoffnung zu erzählen.“ So norde ich mich oft ein, wenn ich zu solchen Terminen gehe.

Als ich den Festsaal betrat, fühlte ich mich, wie es vermutlich jemandem geht, der zum ersten Mal in eine Kirche kommt: fremd, exponiert, fehl am Platz. Unter den Augen der ganzen Stadt (so kam es mir zumindest vor) wurde ich ganz vorn am Ehrentisch platziert. Nicht wenige wunderten sich sicher: Herr Plentz, der stadtbekannte Bäcker, kommt hierher! Dann hörte ich, wie einer sagte: „Der Plentz, der kooft den janzen Laden uff – und dann: Abriss!“ Die Leute hatten offensichtlich schon gut was getrunken und nahmen kein Blatt vor den Mund.

Dann nahm der Abend seinen Lauf und es gab kein Halten mehr: Ich musste aufstehen, musste laut etwas mitrufen, musste mitsingen ... Obwohl ich mich sehr unsicher fühlte, machte ich alles mit. Dann kam Detlef an, kostümiert als leicht bekleideter Gott des Weines, und leitete inbrünstig zum Trinkliedersingen an, so richtig mit Unterhaken und Schunkeln: „Trink, Brüderchen trink“, „Griechischer Wein“ und so weiter. Da konnte ich meine ganze Kirchenchorerfahrung einbringen ...

Da ich die ganze Zeit über nur Kaffee getrunken hatte – schließlich wollte ich noch mit dem Auto nach Hause fahren –, hielt ich mich wacker. Doch je später der Abend, desto feuchtfröhlicher die Stimmung. Dann setzte Detlef sich zu mir, seine Zunge war gelöst. Ich war erstaunt, als er mir davon erzählte, was es ihm bedeutet hat, dass ich ihm den Jesusfilm geschenkt hatte. Er habe ihn mehrere Male angeschaut. Dann sagte er: „Mal ehrlich – mit mir traut sich keiner über den Glauben zu sprechen; aber mein ganzes Leben, immer wenn ich auf Reisen war, bin ich in fremden Städten in die Kirchen gegangen und habe mich gefragt, was dahintersteckt." Wir kamen in ein tieferes Gespräch. Er trank noch einen Korn, ich einen Kaffee. Doch irgendwann an diesem Abend ging nichts mehr und wir verabredeten uns zu einem neuen Termin.

So kam er eines Tages zu mir nach Hause. An diesen unglaublichen Moment erinnere ich mich noch sehr gut, wie er frisch rasiert, sehr gepflegt und höchst erwartungsvoll bei uns im Laden stand. Wir unterhielten uns weiter über den Glauben und verzogen uns schließlich ins Gartenhaus, weil unser Gespräch länger dauerte. Vorher schnappte ich mir noch meinen kleinen Koffer, den ich zu solchen Gelegenheiten oft mitnehme. Da sind alle möglichen Dinge drin: Bibeln zum Verschenken, verschiedene Hefte und kleine Bücher.

Detlefs Interesse wurde immer größer. Gemeinsam gingen wir ein Heftchen aus dem Koffer durch, in dem erklärt wird, dass Gott mit uns in Gemeinschaft leben möchte, wie sehr er uns liebt und dass er uns durch die Vergebung in Jesus Erlösung und ein neues Leben mit ihm schenken kann. Wir brauchen ihn nur darum zu bitten. Gott ist nur ein Gebet weit von uns entfernt.

Mit leuchtenden Augen sagte Detlef: „Das will ich für mein Leben!"

Mich bewegte, wie Gott ihn hier offenbar anrührte. Ich hatte intensiv für Detlef gebetet. Wie ich es oft mache, hatte ich mir einen Marker gesetzt: Immer, wenn ich an dieser Ampel in der Nähe seines Wohnhauses vorbeifuhr, betete ich für ihn. Dabei lag ich Gott in den Ohren: „Ich kann mich weit für dich aus dem Fenster lehnen, für ihn beten und ihm die Gute Nachricht deiner Erlösung erklären – aber das Herz berühren, das kann ich nicht." Tatsächlich war es mir so unwirklich erschienen, so unwahrscheinlich, dass Gott Detlef berühren würde. Und nun ließ sich dieser Mann zu einem Glaubensgrundkurs in unsere Gemeinde einladen. Sein Hunger nach Gott wuchs stetig, wir pflegten unsere Freundschaft und besuchten gemeinsam verschiedene christliche Veranstaltungen.

Dann gab es den Wendepunkt: Eines Nachts lag Detlef neben seiner Partnerin im Bett und erzählte ihr von dem, was ihn bewegte und wie es ihm ging mit seiner Suche nach Gott. Plötzlich war das Schlafzimmer hell durchflutet. Gottes Liebe war spürbar da. Gott senkte Detlef und seiner Frau die Zusage tief ins Herz: „Ich bin da, ich liebe euch." Diese sehr persönliche Gottesbegegnung hat alles verändert. Von heute auf morgen konnte Detlef nicht mehr der Alte sein.

Jetzt begann ein harter Prozess: Die Fassade seines Lebens musste Stück um Stück abbröckeln, viele Probleme, Unfrieden und emotionales Leid kamen zum Vorschein. Vieles musste zurechtgebracht werden, Beziehungen heilten, der ehemalige Kulturattaché wurde ein völlig anderer Mensch. Er brachte sein Leben in Ordnung, unter anderem heiratete er seine Partnerin und erzählte in der Familie von seinem Glauben.

Später wurde Detlef auch Teil unseres Sommerlagers – als Meister der Requisite war er der Verantwortliche für das Theaterteam. Und dabei natürlich voll in seinem Element. Als jemand, den Gott in einem späten Stadium seines Lebens begegnet ist, fehlte ihm in herzerfrischender Weise jegliche christliche Prägung. Wenn er betete, gebrauchte er Worte, die sonst keiner der Christen benutzte: „Lieber Gott, wir sind sooo stolz, dass wir dich kennengelernt haben!“ Oder als er zum ersten Mal in unserer Gemeinde predigte, begrüßte er die Gäste mit: „Liebe Genossinnen und Genossen, liebe Närrinnen und Narren, liebe Schwestern und Brüder.“

Es ist schon der Knaller, wenn jemand, den so viele kennen, so spät zum Glauben kommt und dann sichtbar wird, wie sich sein Leben komplett verändert. Gerne nutzte Detlef die Möglichkeit, davon zu erzählen, warum das so ist. Er hatte mit seiner Art und durch sein altes Leben Zugang zu ganz anderen Menschen. Das wurde auch zu seiner Beerdigung vor wenigen Jahren deutlich. Da waren all seine Kameraden von früher da und ich durfte unter anderem vor ihnen von der Hoffnung sprechen, die auch Detlef gefunden hatte.

Die Geschichte mit Detlef machte mir einmal mehr deutlich, wie wichtig es ist, jederzeit bereit dazu zu sein, über die Hoffnung, die in mir ist, Rechenschaft abzulegen. Dieser Vers aus dem ersten Petrusbrief wurde ein wichtiger Teil meiner Berufung: dass ich mich auch in der Öffentlichkeit zu Gott stellen will, aber auch immer einzelnen Menschen gegenüber vom Grund meiner Hoffnung erzählen möchte.

POWERRIEGEL

Es ist Sommer 2018 und wieder einmal steht das große Sommerlager in Schwante an. Am Starttag auf einem stillgelegten Rittergut bin ich glücklich darüber, dass in diesem Jahr 250 junge Leute dabei sind. Wie sehr das Sommerlager in den letzten 20 Jahren doch gewachsen ist! In der Zwischenzeit bin ich nicht mehr voll in der Lagerleitung involviert, aber helfe an verschiedenen Ecken und Enden mit. Mit dem diesjährigen „Sola Royal" haben die jungen Leute eine abenteuerliche Woche vor sich und werden die Lebensgeschichten der jüdischen Könige hautnah erleben.

Zum Auftakt gibt es ein aufwendiges, toll kostümiertes und atmosphärisch gelungenes Anspiel im alten Gemäuer – dem „Hause Saul". Dann geht es vom Rittergut aus in einem Fußmarsch mit Übernachtung zum eigentlichen Lager. Die Kinder und Jugendlichen werden Teil der Geschichte, wie Saul die verloren gegangenen Esel seines Vaters eingefangen hat, und wandern fröhlich mit den imaginären Eseln im Schlepptau durchs „judäische Land."

Ich selbst bin in diesem Jahr nur als Gast dabei, freue mich, unterstütze hier und da, bin Gesprächspartner für die Eltern, baue mit ab, räume auf. Als die Ersten schon losmarschiert sind und Eltern und einige Mitarbeiter noch herumstehen, kommt plötzlich meine jüngste Tochter Luisa angerannt, die in diesem Jahr erstmalig als Nachwuchsmitarbeiterin dabei ist, fällt mir um den Hals und sagt verschmitzt: „Papa, ich weiß schon, für wen der Powerriegel ist!", um dann gleich wieder abzufliegen und weiter ihre Verantwortung zu übernehmen.

„Powerriegel? Was ist das?", will einer der Eltern etwas verdutzt wissen.

Als Luisa ihre Tasche für die Woche packte, fragte sie mich, was man neben Mückenspray und Zahnbürste noch so alles braucht, um an einem brandenburgischen See zu überleben. Ich holte einen Powerriegel aus meiner Tasche – natürlich ohne Schokolade, sodass er nicht schmilzt, sondern so einen richtig guten mit Cerealien, Cranberrys und Nüssen. „Den darfst du aber nicht allein essen", trug ich ihr auf. „Wenn in deiner Gruppe irgendein blöder Typ ist, einer, mit dem du dich in die Haare kriegen würdest, dann teilst du den und sagst: ‚Du, den Powerriegel hat mir mein Vater mitgegeben, willst du die Hälfte davon?'"

Schmunzelnd freute ich mich, dass Luisa sich gleich, als sie merkte, da ist ein für sie anstrengender Mensch mit im Team, vorgenommen hat, hier in Beziehung zu investieren.

Dass wir mit jedermann dem Frieden nachjagen sollen, ist ein biblisches Prinzip (Hebräer 12,14). Wenn man aktiv miteinander teilt, kann das in so viele Bereiche positiv hineinstrahlen und -wirken. Dazu gehört, dass man auf jemanden, mit dem man ein Problem hat, zugeht, statt ihn zu meiden oder auf Konfrontationskurs zu gehen, um so im Frieden miteinander zu leben.

WELIKI NOWGOROD

Die Internationale Grüne Woche in Berlin, bei der wir auch schon „Martins Apfelbrot“ vorgestellt hatten, ist für uns als Bäckerei immer wieder ein toller Anlass, eine Innovation oder neue Produktserie auf den Markt zu bringen und vorzustellen. Außerdem ist der Januar beim Bäcker ansonsten ein ziemlich ruhiger Monat, in dem alle noch ihre Diätvorsätze aus der Silvesternacht mit sich herumtragen.

Vor einigen Jahren hatte ich mit einem Freund gemeinsam eine Pferdekutsche angeschafft, mit der wir seitdem bei der Tiershow mitmachen, die als Teil der Grünen Woche in einer großen Arena auf dem Messegelände stattfindet. Dort fährt dann die Kutsche, von zwei stolzen Kaltblutpferden gezogen, in den Ring ein – mal geschmückt mit der brandenburgischen Erntekönigin, mal mit einer jungen Frau im Aschenbrödel-Kostüm oder mit bezaubernden Bäckersfrauen. Meistens radle ich mit einem Bäckerfahrrad hinterher – ein wenig mühsam durch den weichen Sand –, um dann in historischer Verkleidung auch hier unsere neuen Backwaren zum Probieren zu verteilen und die Leute einzuladen, einmal im Sommer einen Ausflug zu uns nach Schwante zu unternehmen.

Während der Grünen Woche 2018 steckte ich mich mit einem ganz besonderen Virus an: Ich begegnete den „Titanen der Rennbahn“, die bei der Tiershow Schaubilder mit den Pferden vorführen. Diese leidenschaftlichen Pferdeliebhaber sind besonders bekannt für ihre legendäre Kaltblüterveranstaltung im brandenburgischen Brück, wo jedes Jahr im Juni bis zu 20 000 Menschen hinkommen, um den Wettkämpfen, Shows und Kaltblutrennen zuzuschauen.

Angesteckt haben sie mich mit dem spektakulären Plan, im Sommer und Herbst 2018 mit zweispännigen Planwagen die historische Handelsroute „Hellweg“ von Brück bis zur östlichsten Hansestadt Europas, Weliki Nowgorod, zu absolvieren. Diese zugleich älteste Stadt Russlands liegt sage und schreibe 2300 Kilometer vom Ausgangsort entfernt. Die Planwagen würden 80 Tage lang durch sechs Länder fahren: Deutschland, Polen, Litauen, Lettland, Estland und Russland. Es sollte eine Tour der Versöhnung und der Völkerverständigung werden, mit Pferden als friedliebenden Tieren. In Zeiten, in denen Europa brüchig zu werden droht, wollten sie damit ein Zeichen des friedvollen Zusammenlebens setzen. Sofort schlug diese abenteuerliche und tiefgehende Idee bei mir ein. Ich war infiziert!

Meine Begeisterung war aber erst recht nicht mehr zu bremsen, als ich den ebenfalls pferdeverrückten Pfarrer von Brück traf, der auch mit von der Partie sein würde und der mir von der Idee der Friedensglocke erzählte. Von ihm erfuhr ich, dass Weliki Nowgorod nach dem Zweiten Weltkrieg völlig zerstört war – in dieser einstigen Handelsmetropole standen gerade noch 60 Häuser. Und wie in anderen Orten dieser Gegend hatten unsere deutschen Vorfahren aus den Kirchen die Glocken gestohlen, um sie für die Reichswaffenindustrie einzuschmelzen.

Nun erzählte mir der Pfarrer, dass auf dieser Tour – mit einem eigens dafür gebauten Planwagen mit Glockenstuhl – eine Friedensglocke mitgenommen würde, die der Kirche in Weliki Nowgorod übergeben werden sollte. Diese Glocke war extra zu diesem Zweck in Deutschland gegossen und verziert worden mit einem Kreuz, einer Taube, dem Bibelvers „Jagt dem Frieden nach!“ sowie dem Wort „Frieden“ in allen sechs Sprachen der Länder, durch die die Reise gehen würde.

Der Gedanke, als deutscher Christ eine Friedensglocke als Versöhnungsgeste zurückzubringen, packte mich sofort. Schneller als ich denken konnte, sagte ich: „Ick könnt mir vorstellen, dass wir als Bäckerei Plentz mit unserer Kutsche mitfahren, een Backofen mitnehmen und an je'em Ort, an dem wir ankommen, ein Friedensbrot übergeben." So schmiedeten wir Pläne und wurden als Bäckerei tatsächlich Teil dieser Mission, indem wir für jede Station, die angefahren werden sollte, einen Laib stiften wollten: ein großes Schmuckbrot mit der Inschrift „Friedensbrot" und der urchristlichen Symbolik IHS – Iesus Hominum Salvator: Jesus, der Retter der Menschen.

Nun war aber auch mein Wunsch riesig geworden, selbst einige Zeit mit dabei zu sein und dieses Abenteuer vor Ort mitzuerleben. Meine erste Herausforderung bestand jedoch darin: Wie sag ich's meiner Frau? Als ich ihr von der Friedensmission erzählte, sah sie die Leidenschaft in meinen Augen leuchten und wusste, sie musste mich mitfahren lassen. Also schauten wir gemeinsam in die Kalender und fanden günstige zehn Tage, die eine Strecke in Litauen und Lettland abdeckten.

Doch das passte nicht nur zeitlich gut: Wir haben auch Freunde in Lettland, bei denen ich Quartiere besorgen konnte. Denn für diese Tour mit acht Planwagen, 20 Pferden, 100 Männern und Frauen (von denen jeweils wechselnd etwa 30 mit unterwegs sein würden), brauchte es natürlich eine unglaubliche Logistik. Nicht nur, was die Versorgung von Pferd und Mensch anging, auch veterinär- und zollrechtliche Formalitäten an den Grenzen gab es zu klären. Außerdem mussten die Städte, die der Trupp anfuhr, im Vorfeld über unsere Friedensmission informiert werden. Monate vorher waren Scouts in den jeweiligen Ländern unterwegs und hielten Ausschau nach möglichen Plätzen zum Schlafen und für Ruhetage.

Am 18. Juli 2018 ging es dann tatsächlich los: Der riesige

Trupp startete in Brück, um zwei Tage später am Brandenburger Tor in Berlin offiziell und mit großer Medienaufmerksamkeit verabschiedet zu werden. Führende deutsche Politiker waren vor Ort, unter anderem wurde die Tour durch die Beauftragte der Bundesregierung für Kultur und Medien, Monika Grütters, gefördert. Mit einem offiziellen Reisesegen wurde der Treck auf den Weg geschickt.

Als ich dann nach einigen Wochen selbst dazustieß, platzte ich fast vor Freude. Mit der nächsten Staffel Friedensbrote im Gepäck – acht Kartoffelbrote, die sich eine Woche lang halten – schloss ich mich dem Trupp in Litauen an. Hier machte die Crew gerade einen Ruhetag und es gab Wechsel – immer wieder wurden sowohl die Mitreisenden abgelöst als auch Pferde ausgetauscht, teilweise brauchte es auch neue Wagenräder oder andere Ersatzteile. Zu solchen Wechseln schickten wir sonst die 8er-Staffel Friedensbrote mit, wenn ich sie nicht, wie diesmal, selbst mitbrachte. Mit diesen Laiben versorgten wir sowohl die Mannschaft als auch die Gastgeber.

Das Ritual, wenn die Planwagen-Kolonne – teilweise mit Polizeieskorte oder von einem Begrüßungskomitee vor Ort begleitet – in den Zielort einfuhr, gestaltete sich jedes Mal in etwa gleich: Wir kamen am Quartier an, versorgten zuerst die müden und hungrigen Pferde und nahmen uns dann Zeit für die Gastgeber. Den Interessierten zeigten wir gerne die Pferde und Planwagen, erzählten von unseren Abenteuern und was es mit unserer Friedensmission auf sich hatte. Dann sprachen wir ein Segensgebet für die Stadt, brachen das Brot miteinander und teilten es. Diese universale Geste verstand jeder, dazu brauchte man nicht Litauisch oder Lettisch zu sprechen. Schließlich wurde die Friedensglocke auf dem Glockenwagen geläutet – jedes Mal ein ergreifender Moment!

An jedem Ort ließen wir – beim Pfarrer, Bürgermeister oder den sonstigen Gastgebern – am Ende eine extra angefertigte Handglocke als Zeichen da. Wir übergaben sie mit der Botschaft, die wir bei dieser Mission auf dem Herzen trugen: Wenn es in diesen Tagen politische Spannungen und Sanktionen gibt, so wünschen wir uns als Vertreter der deutschen Bürgerschaft, dass wir in Völkerfreundschaft und Frieden zusammenleben. Tief bewegt hat mich, wie sehr unsere Friedensbotschaft und -tour für die Balten eine Ermutigung war. Viel mehr, als ich geahnt hatte, leben die Menschen dieser Länder derzeit in großer Sorge darüber, ob der Frieden hält.

Gleich am ersten Tag meiner Mitreise erlebte ich etwas, das mir noch lange im Gedächtnis bleiben wird: Als wir am frühen Nachmittag bei schönstem Sonnenschein im litauischen Kurtuvenai angekommen waren, luden wir unsere Gastgeber zu einer Runde Kutschfahrt ein. Die Litauer holten ihre Kinder und Enkelkinder und zusammen – zwölf Litauer und fünf Deutsche – fuhren wir fröhlich auf eine Spritztour in den Wald zur Urgroßmutter, die da in ihrem Häuschen wohnte. An Bord war auch ein alter NVA-Offizier, der lange Zeit in Russland studiert hatte. In höchster Wodkaseligkeit sang er textsicher alle fünf Strophen von „Hoch auf dem gelben Wagen“, hakte die Litauer unter, wir schunkelten und sangen – ein unglaublich glücklicher Moment.

Als wir im Wald bei der Urgroßmutter ankamen, war die Szenerie wie ein Gemälde: ein schlichtes Bauernhaus in der Abendsonne auf einer Waldlichtung, daneben ein klappriger Schuppen, das Haus umgeben von einem großen, wunderschön gepflegten Garten. Vor dem Haus stand, wie ein einsames Empfangskomitee, die weißhaarige alte Frau in ihren 90ern, frisch frisiert, hübsch zurechtgemacht mit ihrer bestickten Sonntagsjacke, und neben ihr ihr Sohn, der bestimmt auch schon im Rentenalter war. Die beiden freuten sich außerordentlich über den Besuch.

Bei der Begrüßung brach die Urgroßmutter in Freudentränen aus und sagte auf Russisch: „Warum kommt ihr erst jetzt? Wenn das mein Mann noch erlebt hätte! Die Deutschen kommen mit Pferden und bringen mir meine Familie!" Den vollen Segen unseres Besuchs begriff ich, als mich einer ihrer Enkel daraufhin beiseitenahm und mir erklärte: „Das Haus von Oma stand nicht immer hier, sondern ein paar Hundert Meter weiter drüben im Wald. Im Zweiten Weltkrieg war dieser Wald die Frontlinie. Damals fuhr ein deutscher Panzer mitten durch Omas Haus. Sie hat alles verloren." Dass diese Uroma in ihrem hohen Alter noch erlebte, dass die Deutschen als Freunde kommen – allein dafür hatte sich die ganze Friedensmission schon gelohnt.

Als ich dieses Erlebnis in den kommenden Tagen verarbeitete und in mein Tagebuch aufschrieb, wurde mir bewusst, wie oft es doch so ist, dass die Frage im Raum steht: „Warum erst jetzt?" Warum geschieht manchmal erst nach so langer Zeit Versöhnung mit Menschen, die schon lange auf so ein Zeichen gewartet haben?

Weitere acht unvergessliche Tage lang war ich Teil dieser abenteuerlichen Tour. Wenn wir durch Ortschaften kamen, läutete der Kutscher des Glockenwagens die Friedensglocke, hier und da blieben wir zu einem kurzen Plausch, um über unsere Mission zu berichten oder um die Pferde umzuspannen und dadurch beim Ziehen abzuwechseln. Nicht alle Pferde waren zu jeder Zeit vor einen Planwagen gespannt, sondern gut die Hälfte der Tiere trotteten den halben Tag – oder auch mal einen Ruhetag – ohne schweres Gespann mit, um für die lange Strecke bei Kräften zu bleiben.

Jetzt als mitfahrender Abenteurer war ich zunehmend fasziniert von der Zusammensetzung der Crew. Ich fühlte mich als Teil einer Piratenmannschaft, die für einen Abenteuerfilm vom Käpt'n zusammengecastet worden war. Da waren die unterschiedlichsten Charaktere mit am Start: ein Mann, der immer nur im Wald schläft und im Winter arbeitet, um den ganzen Sommer draußen sein zu können; ein Tierarzt, der in der ehemaligen Sowjetunion ausgebildet hatte und nun über viele Kontakte zu Tierärzten vor Ort verfügte; ehemalige Offiziere aus der NVA, die ich sehr schätzen lernte; dann war unter anderem ein Buchmacher dabei, ein Kassierer und die Burschikose, die beim Anspannen sagte: „Ihr Kerle, ihr braucht mir nicht zu helfen, jetzt aus dem Weg, ich mach hier die Pferde an den Wagen ran!"

Für meinen Teil muss ich sagen, dass ich eigentlich gar nicht so gut mit Vierbeinern kann, sondern eher Berührungsängste habe – vielleicht weil ich nicht mit Tieren aufgewachsen bin. Also brachte ich mich lieber in der Küche ein und schlüpfte in die mütterliche Versorgerrolle. Mit großer Leidenschaft verwöhnte ich die Mannschaft zum Frühstück und zum Abendbrot, zauberte aus unserem Backofen auf dem Planwagen mal einen Apfelstrudel, mal Croissants zum Frühstück, was besonders unser mitreisender Franzose innigst liebte. Der Backofen kam auch zum Einsatz, wenn gegen Ende der acht Tage das Kartoffelbrot schon etwas hart geworden war – dann toasteten wir es im Ofen, sodass es wieder verzehrfähig und lecker war. Oder wir brieten mal Hähnchen oder auch ein Lamm in der Röhre.

Einmal machte ich in einem anderen Dorf in Litauen sogar eine Waschmaschine ausfindig, die uns eine freundliche Frau zur Verfügung stellte. Da durfte dann jeder etwas zur Dreckwäsche beitragen, sodass wir schnell eine Trommel gefüllt hatten. Als wir die frisch duftenden Wäschestücke aus der Maschine holten und zum Trocknen in unserem Schlaflager verteilten, gab es viele glückliche Gesichter. Natürlich kaufte ich auch ein, brachte mal eine Tafel Schokolade mit, Zahnpaste, eine Pulle Schnaps oder Klebstoff, um eine Prothese zu kleben …

Nach zehn Tagen reiste ich wieder ab. Doch der Abschied war nicht für immer, hatte ich mir doch vorgenommen, mich dem Trupp Anfang Oktober noch einmal anzuschließen und bei der Zieleinfahrt in Weliki Nowgorod dabei zu sein. So machte ich mich mit einigen der Hauptorganisatoren am 4. Oktober auf den Weg nach Russland, mit frischem Friedensbrot bepackt. Als wir am Flughafen Berlin-Tegel ankamen, erfuhren wir zu unserem Schrecken, dass unser Flug nach Weliki Nowgorod ersatzlos gestrichen war. Das durfte doch nicht wahr sein! Wir fanden heraus, dass wenige Stunden später vom Flughafen Berlin-Schönefeld ein Flugzeug nach Moskau fliegen würde. Schnell buchten wir um, rasten einmal quer durch die Stadt vom Nordwesten in den Südosten Berlins und konnten den Flieger tatsächlich noch erreichen.

In Moskau angekommen, bewältigten wir die verbleibenden knapp 600 Kilometer an unseren Zielort mithilfe eines russischen Freundes, der uns in seinem Auto die ganze Nacht hindurch durch die unendlichen Weiten Russlands kutschierte. Für uns ältere Männer war es sehr ungewöhnlich und, sagen wir, nicht ganz altersgemäß, mal wieder eine Nacht durchzumachen. Doch wir wollten ja unbedingt beim krönenden Abschluss der Friedenstour dabei sein! So blieb uns viel Zeit zum Reden … Als wir am frühen Morgen in unserem Hotel in Weliki Nowgorod ankamen, legte ich mich erst mal für einen Powernap aufs Ohr – gut, dass ich als Bäcker darin geübt bin!

Dann brachen wir gemeinsam wieder auf und gingen die wenigen Schritte vom Hotel hinüber zum Kreml. Dabei handelt es sich um eine für altrussische Städte (nicht nur für Moskau) typische Zitadelle, also ein großes touristisch gut erschlossenes Gelände mit vielen Gebäuden, Mauern, Torbögen, Höfen und einer Kapelle. Fast schon ehrfürchtig betrat ich diese historische Rundburg. Hier also sollte die Tour ihren feierlichen Schlusspunkt finden. Doch natürlich kann man nicht einfach so mit einer Planwagenkolonne in einen Kreml einfahren – dazu hatte es eine Sondergenehmigung gebraucht, die extra vom Kultusministerium in Moskau ausgestellt worden war. So etwas hatte es noch nie gegeben! Einmal mehr staunte ich darüber, welche – auch politische – Strahlkraft unser Unterfangen hatte.

Nun warteten wir auf die Ankunft des Trecks. Plangemäß hatten die Titanen on Tour am Vorabend nach 80 Tagen das Ziel erreicht und die Pferde auf den Wiesen vor den Toren der alten Handelsstadt grasen lassen. Nach und nach füllte sich der von der herrlichen Morgensonne beschienene Kremlplatz. Ein beeindruckendes Empfangskomitee aus mehreren Hundert Leuten fand sich hier zusammen, darunter auch Stadtpolitiker, die Polizeikapelle, ein Chor, eine Folkloregruppe und sogar einige Studenten, die zum Dolmetschen gekommen waren. Mir wurde ganz warm und wohlig – unglaublich, was hier passierte! Und grandios, dass ich dabei sein konnte. Fleißig verteilte ich Flyer, die erklärten, wer wir sind, wo wir herkommen und was wir machen.

Schließlich war er da, der große Moment! Schon bevor wir den Treck sahen, hörten wir das Geläut der Friedensglocke, unter deren metallenen Klängen der Tross durch die imposanten Bögen in den Kreml einfuhr. Alle verstummten bei diesem erhabenen Moment. Auch mich ergriff ein Gänsehautschauer. Dann fingen die Menschen an zu jubeln und zu klatschen. Mich packte das Gefühl, jetzt könnte die Zeit stehen bleiben.

Nach unzähligen Interviews und Festreden fand die feierliche

Übergabe der Friedensglocke mitsamt Glockenwagen statt – als Zeichen des Friedens zwischen unseren Ländern. Fast kamen mir die Tränen, als ich daran dachte, an wie vielen Orten die Glocke auf ihrer 80-tägigen Reise jeden Tag geläutet worden war; jetzt war sie endlich an ihrem Zielort angekommen.

Dann sollte ich zum Brechen des Friedensbrotes nach vorne kommen. Eigentlich hatte ich mir vorgenommen, die Worte zu gebrauchen, die ich immer gesagt hatte. Doch während meine Vorredner noch dran waren, fasste ich kurzfristig den Entschluss, meine kleine Ansprache auf Russisch zu wagen. Ein Wagnis war es in der Tat – zwar hatte ich Russisch in der Schule gelernt, nach so langer Zeit war davon aber nicht mehr viel übrig geblieben. Schnell fragte ich den NVA-Offizier neben mir: „Was heißt denn ‚teilen' auf Russisch?" Er hatte ja in Russland studiert und raunte mir zu: „Dilitsch!" Ich: „Wie?" „Dilitsch!" „Ah, verstehe, Dil…", setzte ich an, doch schon war mein Hirn wieder blank; ich konnte mir das Wort einfach nicht merken! „Wie noch mal?", fragte ich nervös. „Dilitsch", schärfte mir der Offizier abermals ein. „Wie die sächsische Kleinstadt Delitzsch", baute er mir rasch eine hilfreiche Eselsbrücke. Ich grinste dankbar. So konnte ich's behalten!

Endlich war ich an der Reihe. Meine Vorredner waren – wie kann man das nett formulieren? – etwas undiszipliniert gewesen im Umgang mit dem Mikrofon und der Länge ihrer Redebeiträge. Das wollte ich besser machen! Mit einem Stoßgebet auf den Lippen ging ich also nach vorne, um das Brotbrechen zu erklären. Zuerst stellte ich mir das Mikro ordentlich ein, um dann mit dem vollen Volumen meiner Stimme die Gäste zu begrüßen: „Dorogie druzya!" – Liebe Freunde! Bewusst betonte ich stark das R und versuchte aufs Beste, meinen ostgermanischen Akzent im Russischen zum Ausdruck zu bringen.

Meine Bemühungen blieben nicht unbemerkt und ein Raunen ging durch die Menge, dass der unbekannte deutsche Bäcker hier ungeahnte Russischkenntnisse zum Vorschein brachte. Sofort hatte ich alle Aufmerksamkeit! Brockenweise versuchte ich, meine Botschaft in Worte zu fassen: „Liebe Brüder und Schwestern, heute ein ich Froh-Tag“, radebrechte ich. Dann holte ich tief Luft, um den Satz mit der sächsischen Kleinstadt loszuwerden: „Wir teilen Brot“, sagte ich holprig auf Russisch und ergänzte: „Nash privet“ – Unser Gruß: „Khristos voskres“ – Der Herr ist auferstanden! Unerwartet schallte aus dem Publikum auf Russisch zurück: „Er ist wahrhaftig auferstanden!“ Ich war überwältigt!

Dann sprachen wir mithilfe der Würdenträger und Ehrengäste miteinander ein Gebet und brachen das Brot. Währenddessen spielte die Polizeikapelle, der Chor sang herrliche russische Weisen und wir gingen durch die Menge und gaben vom Friedensbrot weiter.

Wir hätten fliegen können, so waren wir von dieser außergewöhnlichen Atmosphäre getragen. Hunderte fotografierten uns, viele nahmen uns in den Arm und weinten. Eine Großmutter fragte, ob sie uns einen Kuss geben dürfe – natürlich durfte sie! (Ich liebe Großmütter!) Die Menschen gaben uns Tee und brachten ihr Wohlwollen und ihre Freundschaft uns gegenüber zum Ausdruck. Die Strapazen der vorangegangenen Nacht – und für die Titanen die der ganzen langen Reise – waren wie weggeblasen! Ich war mittendrin in diesem unglaublichen Wunder von Versöhnung und Freundschaft, ein großer Moment für mein Leben. Ich war Gott unheimlich dankbar.

Was mir noch lange nachhallte von diesem Tag, war der aus vielen Kehlen gerufene Ostergruß, das Glaubensbekenntnis aller Christen, das uns Brüder und Schwestern weltweit verbindet: Der Herr ist auferstanden!